なぜ失敗したか

川村晃生 編

緑風出版

はじめに

リニア中央新幹線計画が死に体に近づきつつあるという感触は、リニアの現状を冷静に分析できる人なら誰しも持ち始めていることでしょう。それほどにリニアは窮地に追い込まれ始めています。本書はその状況を分りやすく伝えたいという目的で作られました。

まずⅠでは、リニアがいまどのような問題や困難を抱えているのかを、それぞれの専門的見地から述べています。そこでは財源不足の問題を皮切りに、発生土の処理や静岡県での未着工問題、大都市圏のトンネル掘削で露わになったシールド工法の技術上の問題、そしてさらにその結果導かれた大幅な工期の遅れやそれらの問題によって惹き起された住民の反対運動などが取り上げられています。

続くⅡでは、Ⅰとも関わることですが、これからリニアが直面することになるであろう三つの

リニア中央新幹線のルート。Cルートが採用された

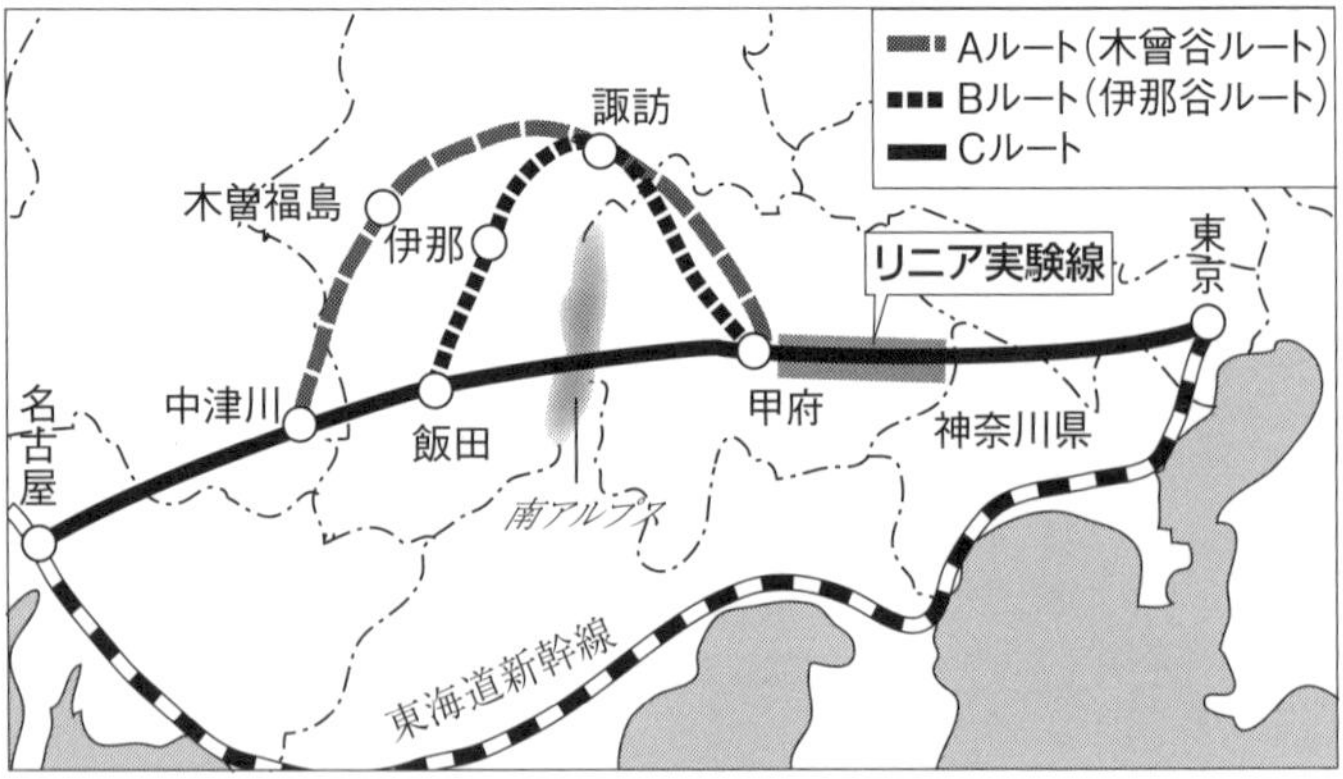

(出典)『朝日新聞』2008年7月24日付をもとに作成。

問題、すなわち困難な南アルプスのトンネル掘削とそれに伴う南アルプスの壊滅的な自然破壊、輸送上の安全性に対する根本的な疑念、さらにはトンネル掘削に伴う多くの水涸れに対する懸念などを取り上げました。

いま事業者のJR東海は、こうした多くの困難の中で、まったく予測しなかったさまざまな事態に直面して立ち往生の状態なのです。すでにJR東海は二〇二七年の完成という予定は断念しました。しかしそれに代っていつ完成するのかという見通しすらまったく出せずにいます。

このようなことが、一般的に鉄道建設事業であり得るのでしょうか。言うまでもなくこれは前代未聞のことなのです。はっきり言って、リニアは確実に失敗したのです。なぜこんな事態に立ち至ったのか。その理由は、本書が明らかにしてくれているように、アセスメントの杜撰さと住民無視というJR東海の態度に求

められるのではないでしょうか。Ⅲではそのようなことになった原因と経緯を辿り、想定される一つの結論を提出していますが、はたしてこの結論に、読者各位は納得していただけますでしょうか。

いずれにしてもリニアが失敗したという考え方は、もはやくり返す必要もないのですが、それにも関わらず、二〇二二年岸田政権はリニア推進という真逆の政策を打ち出しました。そこには政権与党内の、具体的に言えば安倍元首相の政策の継続という政治力学が働いているように思いますが、原子力に何の知見も示していなかった素人のような岸田首相が原発再稼働に舵を切ったように、これまた何の言及もなかったリニアの推進を打ち出したことに、或る危うさを覚えずにはいられません。このままリニア事業を強行すれば、さらに大きな破綻を招くことは必定です。本書がそうした状況を判断する上でも、お役に立てば幸いです。

最後に、本書の諸項目の執筆を快諾して下さった各位と、本書の出版を引き受けて下さった緑風出版の高須次郎さんに御礼申し上げます。

二〇二三年五月

編者しるす

リニアはなぜ失敗したか◉目次

2章 迷走する残土処分場探し

井澤 宏明

III リニアはなぜ失敗したか

川村 晃生

I　リニアが抱えた困難

1章 国策民営事業としてのリニア中央新幹線
――財源問題に見る問題点

桜井　徹

はじめに

二〇二一年四月二一日、ＪＲ東海はリニア中央新幹線の品川・名古屋間の工事費の増額を発表しました。これ自体は環境影響評価の杜撰さを示したものですが、他方では、コロナ禍の輸送収入減による経営悪化が生じ、財源計画が不確実なものになっています。本稿は、リニア中央新幹線を国策民営事業と把握する立場から、国策民営事業の矛盾が財源計画の不確実さに露呈したことを分析しようとするものです。

その前に、ＪＲ東海の企業としての性格を簡単に述べておきます。

1　JR東海という企業の三つの性格

　JR東海は、一九八七年四月一日の国鉄分割・民営化によって、他のJR六社と同様に、政府（国鉄清算事業団：現・鉄道建設・運輸施設整備支援機構）全額出資の株式会社として設立されました。一九九七年一〇月に株式上場し二〇〇六年四月に完全民営化されました。JR東海は、翌年一一月にリニア中央新幹線を全額自己負担方式で建設することを取締役会で表明したのです。

　この簡単な歴史から、今日のJR東海という企業の性格として次の三点が指摘できます。

　第一に、JR東海は、私企業であるとともに上場企業だということです。正確には、私有公益企業ですが、近年は、その公益事業的性格は後退しています。とくに上場企業であることから単なる収益追求ではなく、株主のための企業経営が重要な経営原則となっています。

　第二に、JR東海は、全国一元的なネットワークとして経営されていた鉄道事業が分割され、その一部を引き継いだ企業です。鉄道事業の範囲は、東海道新幹線（東京・大阪間）と長野・山梨・静岡・愛知・岐阜各県の在来線です。JR他社との連携よりは、自社の利益が優先される傾向があります。よく指摘される分割ないしはネットワーク分断の弊害です。具体的には、交通系ICカードがJR東日本とJR東海のエリアをまたいで利用できないことや、エリアをまたいでの列車の運行も大きく制限されていることなどです[1]。なお、リニア中央新幹線もネットワークの分断です。

第三に、JR東海は営業収益（売上高）において東海道新幹線に依存する企業です。その依存割合は高いというだけでなく徐々に高くなっているということです。一九九二年度の八二・八%、二〇〇二年度に八四・七%、二〇一二年度八五・九%、コロナ禍直前で営業収益が最高であった二〇一八年度で八八・二%を占めるようになっています。詳細は省略しますが、連結決算ではその比率が低下するとはいえ、高い割合を維持しています[2]。なお以下の記述は、特記しない限りは会社単体の数値で、出所は、JR東海『有価証券報告書』各期と同『ファクトシート 二〇二二』です。

2　国策民営事業としてのリニア中央新幹線――企業目的実現と国策の利用

(1)　企業目的

リニア中央新幹線事業が国策民営事業であるという意味について、石橋克彦氏は、「国の政策を民間が都合良く利用する[3]」ことだと述べています。筆者は、「私企業による国家プロジェクトの包摂[4]」と呼んでいます。私企業の目的達成のために国策が利用されているのです。それではリニア中央新幹線におけるJRの企業目的とは何であり、その達成のためにどのような国策が利用されているのでしょうか。

JR東海がリニア中央新幹線を建設・経営する理由は、公式には、東海道新幹線のバイパスや東京・大阪間の旅客輸送時間の短縮、それに伴う「日本経済社会全体に及ぼす波及効果」などですが、これまでの研究で、私企業としての実質的な目的は次の二点にあることが明らかになっています。

一つは、東海道新幹線とリニア中央新幹線を一元的に経営する理由に関連して、自らの経営基盤を強固にすることです。二〇〇七年当時JR東海会長であった葛西敬之氏は「中央新幹線が国の手で建設され、JR東海以外の経営主体が経営することにでもなれば、東海道新幹線の輸送量の五〇％以上が中央新幹線に移転し、JR東海の存立基盤は根底から覆されてしまう」[5]と述べています。他社による経営基盤の浸食を防ぐ姿勢は、前項で述べたJR東海の性格から考えて当然です。

もう一つは、技術の海外輸出です。ドイツの経済週刊誌[6]のインタビューで、葛西氏はリニアを米国に導入し、その後、ベトナム、ブラジルなどの中進国に輸出するという目標を述べています。事実、米国のボルティモア・ワシントン間のリニア敷設計画が進行しています。しかし二〇二一年八月に同事業の環境影響評価書の作成作業が中断されてしまいました。

表1　JR東海の財投資金借入条件

	第1回	第2回	第3回	第4回	第5回
借入額	5,000億円	5,000億円	5,000億円	7,500億円	7,500億円
利率	0.6%	0.8%	0.9%	0.9%	1.0%
	全期間固定				
借入実行日	平成28(2016)年11月29日	平成29(2017)年1月16日	平成29(2017)年3月10日	平成29(2017)年5月17日	平成29(2017)年7月12日
弁済期限	平成67(2055)年11月29日	平成68(2056)年1月16日	平成68(2056)年3月10日	平成67(2055)年11月17日	平成68(2056)年1月12日
返済方法	平成58(2046)年5月まで据置	平成58(2046)年7月まで据置	平成58(2046)年9月まで据置	平成58(2046)年5月まで据置	平成58(2046)年7月まで据置
	以降、元金均等返済				
担保	無担保				

出所）JR東海「財政投融資を活用した長期借入金について」。

(2) スーパー・メガリージョン構想のJR東海による包摂

リニア中央新幹線プロジェクトの国策性はそれが全国新幹線整備法の一環であることにあらわれていますが、さらに東京、大阪、名古屋の三大都市圏を結ぶスーパー・メガリージョン構想を打ち出した二〇一四年七月の国土交通省「国土のグランドデザイン二〇五〇～対流促進型国土の形成～」によって、国際競争力を強化する役割を担わされることになります。そして、東京・大阪間の開業時期の短縮を名目に、二〇一六年六月の「骨太の方針」での財政投融資（以下、財投）資金活用が明記され、翌年に鉄道建設・運輸施設支援機構法が改正されて、同機構を通じて同年一一月から五回に分けて総額三兆円の資金が、長期（約四〇年）で低利（〇・六%から一・〇%）、無担保でJR東海に貸付されました（**表1**）。この背景には安倍晋三首相（当時）と葛西氏との緊密な関係があったと言われています。

表２　ＪＲ東海（単体）の長期債務と設備投資の推移

（単位：10億円）

		2014年度	2018年度	2019年度	2020年度	2021年度
長期債務合計		2,136	4,851	4,846	4,932	4,941
	うち中央新幹線建設長期借入金	-	3,000	3,000	3,000	3,000
支払利息		72	81	80	79	79
設備投資		257	448	499	533	521
	うち中央新幹線関連投資(A)	5	228	255	270	268
中央新幹線建設資金管理信託の解約による収入(B)		-	170	235	358	263
(B)／(A)			75%	92%	133%	98%

出所）ＪＲ東海『有価証券報告書』各期および同『ファクトシート2022』から作成（未満切捨）。

まさに三兆円の財投資金の融資が「国策」によって実現されたのです。この資金がＪＲ東海の工事費に果たしている役割は大きいものがあります（**表２**）。

だが、スーパー・メガリージョン計画が三大都市圏を一つにし、グローバル経済の中での日本の国際競争力を高めるという視点は東京一極集中的発想と共通するものであり、今日求められている地域経済活性化と逆方向のものであることは確認しておく必要があります。

3　コロナウイルス禍とＪＲ東海の経営

(1)　輸送収入の減少と経営悪化

ＪＲ東海の営業収益、経常利益と当期純利益は二〇一八年度まで比較的好調でしたが、二〇一九年度

表３　ＪＲ東海（単体）の経営成績と運輸収入・輸送実績

	2014年度	2018年度	2019年度	2020年度	2021年度	2022年度
営業収益（10億円）A	1,306	1,464	1,436	541	726	1,084
経常利益（10億円）B	397	590	540	▲256	▲ 74	193
当期純利益（10億円）C	260	414	378	▲202	▲ 68	132
運輸収入合計（10億円）D	1,243	1,396	1,365	476	657	1,013
うち東海道新幹線 E	1,143	1,291	1,261	417	589	—
E/D	92.0%	92.5%	92.4%	87.6%	89.6%	
E/A	87.5%	88.2%	87.8%	77.1%	81.1%	
輸送実績（10億人キロ）	59	65	63	24	32	—
うち東海道新幹線	50	56	54	18	25	—
一株あたり配当額（円）	120	145	150	130	130	130

出所）ＪＲ東海『有価証券報告書』各期および同「2022年度第２四半期決算補足説明資料」から作成（未満切捨）。2022年度は通期業績予想。

に微減し、二〇二〇年度には営業収益は二〇一八年度に比べて約三分の一に、経常利益と当期純利益も大きくマイナスに転じました（**表３**）。コロナによる行動制限が、同社の最大の収益源である東海道新幹線の輸送量を減少させたからです。二〇二一年九月末には全国規模の行動制限が段階的に解除される中で二〇二一年度には業績の改善が見られ、さらに二〇二二年度には経常利益と当期純利益も黒字が予想されています。とはいえ、二〇一八年度水準には回復していません。その一方で、株主配当は一株二〇円の減少にとどまり、一株一三〇円を維持しています。株主のための経営を優先させる同社の性格がここでも出ています。

(2) 新幹線輸送量減少と出張機会の減少

ＪＲ東海の経営悪化は東海道新幹線輸送量の減少にあります。一般的にはコロナ禍による行動制限がその原因ですが、新幹線特有の事情もあります。この点を検討しましょう。

東海道新幹線輸送量の減少は、最大の利用層がビジネス客（二〇一七年現在で六八・三％）であることから、主に、「多くの企業でオンライン会議等が普及したことによる出張機会の減少」にあります。[7]「デジタル田園都市国家構想総合戦略《参考資料（データ集）》」でも、リモート商談対応の効果の七六・五％が出張コストの削減、三四・二％が出張機会の減少であったとする東京商工リサーチの二〇二一年度の調査結果が引用されています。「オンラインはリニアより速い」（二〇年六月、川勝平太静岡県知事の金子慎ＪＲ東海社長との会談での発言）のです。

ＪＲ東海のホームページに掲載されている二〇二二年四月〜二〇二三年三月の東海道新幹線の輸送量（東京口）は、一八年度比で、合計では七四％、土休日の八〇％に対して平日七一％でした。ここにはビジネス客の回復の遅さが示唆されています。とはいえ、二〇二三年三月は合計で八八％、平日で八三％、土休日で一〇〇％と、依然と平日は低いのですが、全体として輸送量は回復しつつあります。

4　リニア中央新幹線工事費の増加と財源計画

(1)　工事費増加の理由

二〇二一年四月二七日にＪＲ東海は、品川・名古屋間の総工事費（車両費を含む）が、二〇一七年九月二五日の「中央新幹線工事実施計画（その二）」で認可を受けた工事実施計画時の五・五二兆円から約一・五兆円増加して七・〇四兆円となると発表しました。

増加の理由として次の三点が指摘されています。

一つは難工事への対応（＋〇・五兆円）です。「品川駅、名古屋駅の両ターミナルでの複雑な工事」について「工事を進める等の過程で、地質の不確実性や狭隘な場所での施工上の制約の厳しさ等が分かってきました」と述べられています。「工事を進める等の過程」前には判明しなかったということを意味しています。二つは、地震対策の充実（＋〇・六兆円）です。「明かり区間の構築物全体の強化」とのみ説明されています。三つは、発生土の活用先確保（＋〇・三兆円）です。この費用増加は二つに区分されています。都市部の発生土と山岳トンネルからの発生土です。前者に関しては埋め立て事業に発生土を使用するために護岸工事等の費用負担が生じること、後者については運搬費や受け入れ費の増加のリスクです。これらも工事実施計画時には判明しなかったのでしょう。

以上にみたように、これらの工事費増加は、単なる物価上昇によるものではなく、工事実施計画が杜撰であったことを物語っています。

しかも重要なことは、工事費が七・〇四兆円にとどまることをＪＲ東海は確約していないことです。むしろ、二〇二一年度の『有価証券報告書』（二〇ページ）では、さらに「今後予想され

図１　JR 東海作成の経常利益と長期債務推移

（R2=2020 年度までは実績）

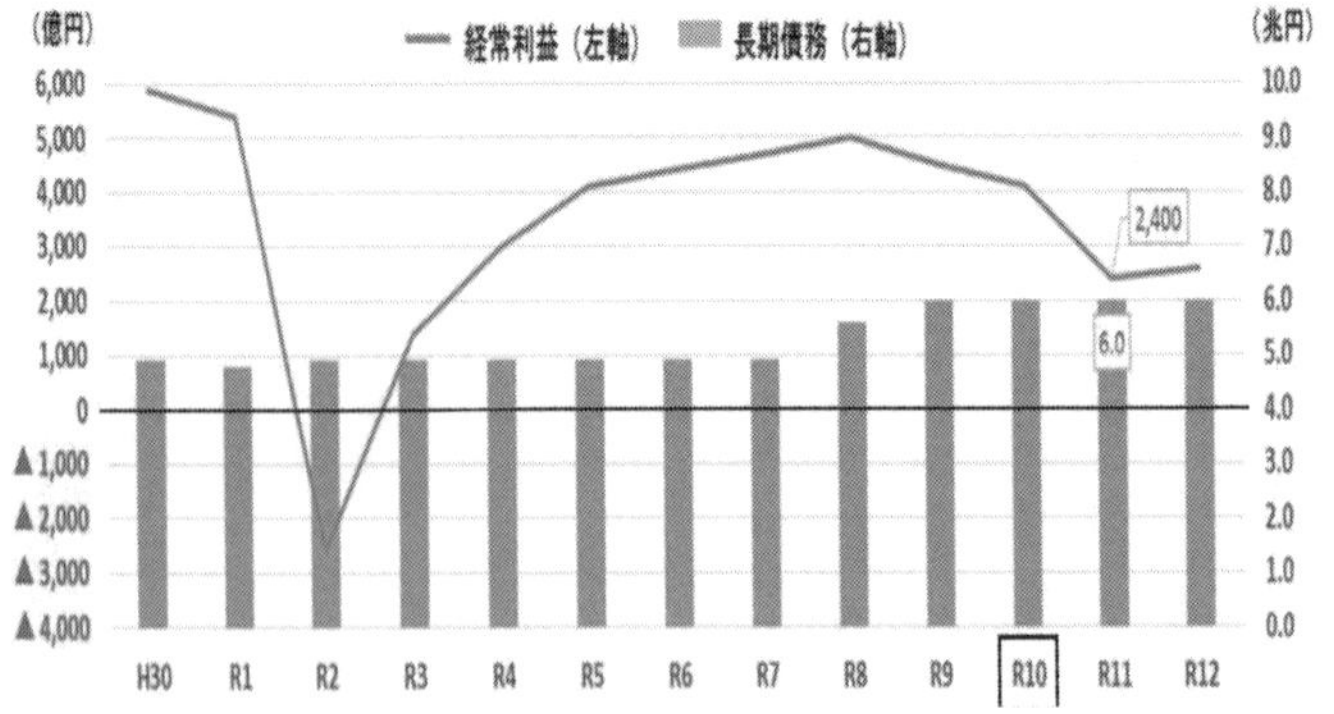

出所）JR 東海：「中央新幹線品川・名古屋間の総工事費に関するお知らせ」（2021 年 4 月 27 日）。

る東京・大阪間工事のリスク」として次の七点が列挙されています。「建設資材の高騰等による工事費の増加」、「難工事その他による工事遅延・完成時期の遅れ」、「金利上昇」、「経済停滞・人口減少による収入減」、「他輸送機関との競合による収入減」、「社会全体の物価上昇」、「訴訟の提起」です。ジャーナリストの樫田秀樹氏によれば、静岡県以外の多くのところでも大幅に工事が遅延となっています[8]。

(2)　工事費調達財源に関するJR東海の試算

それでは増加した工事費に、ＪＲ東海はどのように対応しようとするのでしょうか。同社の試算によれば、「現実的に想定しうるペースで収益が回復した場合に、一定の合理的な前提をおいて」算出された営業キャッシュフローの累計額に新規債務約一兆円を加えれば「品川・名古屋間の建設に充当できる資金の累計が、令和一〇年度中には、今回算出した総工事費七・〇四兆円を上回ること」となるといいます。参考として添付されている二〇一八年度から一〇年間の年度経常利益と長期債務の推移は**図1**のとおりです。

果たして、その財源計画は実現可能なのか。長期債務と経常利益の双方から検討します。

5 財源計画の不確実性

(1) 長期債務

長期債務は、二〇一八年度から二〇二五年度までは五兆円のままで、その後も新規の長期債務は一兆円の増加に過ぎません。経常利益を原資とするキャッシュフローによるところもありますが、財投活用資金三兆円のおかげです。というのは、二〇二〇年度末のリニア関連投資累計額一・〇三兆円に対して、財投活用資金である「中央新幹線建設長期借入金」の同年度末の取崩し資金「中央新幹線建設資金管理信託の解約による収入」の累計額は〇・九二兆円なので、残り二・〇八兆円が二〇二一年度からの工事費に充当できるからです（**表4**）。

とはいえ、この二・〇八兆円に二〇二五年度からの新規資金調達予定額、つまり長期債務一兆円（**表4**）を加えた三・〇八兆円と二〇二一年度から二〇二七年度の工事経費六・〇一兆円との差二・九三兆円が二〇二八年度までの営業キャッシュフローから充当されなければなりません。年平均〇・三七兆円です。

(2) 経常利益

図1では、営業キャッシュフローの値ではなく経常利益の値が示されています。以下では、便宜上、営業キャッシュフローと経常利益がほぼ同額とみなして検討します。

経常利益は、二〇二〇年度にマイナス二五〇〇億円に大きく落ち込んだ後二〇二一年度はプラス一〇〇〇億円に回復し、二〇二二年度には三〇〇〇億円に、二三年度は四〇〇〇億円超、そして二六年度には五〇〇〇億円に達すると予想されています。

しかしながら、この経常利益の予想は、すでに現実によって否定されています。二〇二一年度の経常利益の実績はプラス一〇〇〇億円ではなくてマイナス六七二億円です。これは、経常利益を算定する基礎となる運輸収入の実際値が予想値を下回っているからです。コロナ禍後の運輸収入は、二〇一八年度比で、二〇二一年度六六%、二〇二二年度八〇%、二〇二三年度九〇%、二〇二四〜

表4　品川〜名古屋間総工事費とその財源試算

品川・名古屋総工事費見積額（a）	7.04 兆円
2020 年度末中央新幹線関連投資累計額（b）	1.03 兆円
うち中央新幹線資金管理信託解約収入累計額（c）	0.92 兆円
同上解約収入可能分（d=3.0-c）	2.08 兆円
新規資金調達予定額（e）	1.00 兆円
キャッシュフローによる調達額（f=a-b-d-e）	2.93 兆円

出所）ａとｅは図１の出所文書。ｂとｃはＪＲ東海『有価証券報告書』各期などから筆者算出（未満切捨）。

二〇三〇年度までに一〇〇％に回復すると想定されてます。しかし、二〇二一年度の実績値は二〇一八年度比で四七・一％で、予想値の六六％に比較して約一九％も下回っています。こうした輸送回復の過大予想は二〇二二年度にもいえます。JR東海自身が二〇二二年四月の決算説明会で二〇二二年度の運輸収入の予想値を八〇％ではなくて七二・五％と、経常利益のそれも三〇〇〇億円ではなく二〇四〇億円と修正しました（JR東海「二〇二二年三月期　決算説明会」二〇二二年四月二七日）。さらに二〇二二年一〇月の決算説明会では、エネルギー・コストの増加などのために経常利益予想値は一九三〇億円に減額されました（JR東海「二〇二三年三月期第二四半期　決算説明会」二〇二二年一一月一日）。

(3)　財源計画と健全経営の確保・安定配当との対立の可能性

もちろん、「業務改革」を通じたコストの削減いかんによっては、経常利益の回復も可能かもしれません。だが、経常利益がJR東海の予想通りに回復しないとすれば、新規債務額は一兆円ではなく増額が必要となり、このことが支払利息の増加を通じて経常利益を圧縮し、予定株式配当も実現できなくなる可能性も生じます。だからこそ二〇二一年度の『有価証券報告書』でも「仮に健全経営と安定配当を堅持できないと想定される場合には、工事のペースを調整し、十分に経営体力を回復することで、工事の完遂を目指します」（一九ページ）と述べざるを得ないのです。

おわりに

リニア中央新幹線プロジェクトは、冒頭で指摘したように、私企業の経営利害の実現目的に国策を利用するという意味での国策民営でした。とくに財投資金を活用した三兆円の効果は大きいものがあります。

しかしながら、一方では環境影響評価の杜撰さによる工事費の増額と、他方ではコロナウイルス禍による東海道新幹線の輸送収入の減少および回復の緩慢さを通じて、工事の財源計画が不確実なものになってきており、経営と安定配当を重視する観点からは、少なくとも工事が予定どおり完了しないことが確実になってきています。まさに国策民営事業の矛盾が露呈したと言えるのではないでしょうか。「国策」を口実に再び財投資金ないしは公的資金が投入されることになる恐れがあります。

注

(1) 岩成政和「もしJRが分割されていなかったら」『鉄道ジャーナル』No.673、二〇二二年一一月、五六～六七ページ。

(2) 連結決算の営業収益に占める東海道新幹線収入の割合は一九九二年度七六・一％、二〇一二年度六七・四％、二〇一八年度六八・七％であった。数値は『有価証券報告書』各期による。

(3) 石橋克彦『リニア新幹線と南海トラフ巨大地震』(集英社、二〇二一年)、二〇〇ページ。
(4) 桜井徹「リニア中央新幹線と企業の社会的責任」『北海学園大学経済論集』60(4)、二〇一九年、二ページ。
(5) 葛西敬之『飛躍への挑戦　東海道新幹線から超電導リニアへ』(ワック、二〇一七年)、一五六ページ。なお、橋山禮治郎氏は、JR東海がなぜ全額自己負担のリニア建設を表明したかの理由を推論しています。「真の理由に近い」ものとして指摘しているのが、「所有権と運営権を永遠に固定化したい」(『リニア新幹線巨大プロジェクトの「真実」』集英社、二〇一四年、五七〜五九ページ)という理由です。上記の葛西氏の記述とも整合的に理解できます。
(6) Krummheuer, E.& Keuchel J.: Neue Magnetbahn soll Exportschlager werden, *Handelsblatt*, 12.07.2011.
(7) 前田将吾「感染拡大以降の旅行消費需要の変化〜旅行関連指標を用いた足下までの旅行消費推計の試み〜」『マンスリー・トピックス』No.67(二〇二二年四月二八日:https://www5.cao.go.jp/keizai3/monthlytopics/2022/0428/topics_067.pdf)。
(8) 樫田秀樹「工事の遅れに工事未契約まで　2027年開通はありえないこれだけの理由」『週刊金曜日』二〇二三年二月三日号、二二〜二五ページ。
(本稿は、『日本の科学者』二〇二二年一一月号および『週刊金曜日』二〇二三年二月三日号に掲載の拙稿に加筆したものです)

追記

脱稿後の二〇二三年四月二七日にJR東海の二〇二二年度決算説明会（JR東海「二〇二三年三月期　決算説明会」）が開催され、二〇二二年度の実績値と二〇二三年度の業績予想値が公表されましたので、本文で述べた内容との関連で追記いたします。。

実績値では、経常利益（単体）は二七八八億円となっており、本文で述べました二〇二二年一〇月の決算説明会での業績予想値一九三〇億円はもちろんのこと二〇二二年四月の決算説明会での予想値二〇四〇億円をも大幅に上回っています。これは、コストダウンに加え、東海道新幹線の輸送収入の実績値が対二〇一八年度比で七七％と予想値の七二・五％を大きく上回ったからと説明されています。それでも図1に示された二〇二二年度の経常利益三〇〇〇億円の九割にとどまっています。

二〇二三年度の業績予想値では、輸送収入が対二〇一八年度比八七・五％を前提に経常利益が三三八〇億円とされています。この値は図1で想定されている四〇〇〇億円とはやはり乖離があります。従いまして、図1の予想と実際の乖離があるという、全体としては本文で述べた趣旨を大きく変更する必要はありません。

2章 迷走する残土処分場探し

井澤 宏明

1 四分の一の行方決まらぬまま

リニア中央新幹線建設の最大のネックが、品川〜名古屋間二八六キロの約八六％を占めるトンネルから掘り出される「残土」（JR東海や行政は「発生土」と呼びます）の処分場探しです。その量は約五六八〇万立方メートル、東京ドーム約四六杯分にも及びます。

JR東海は残土の処分先をごく一部しか示さないまま「環境影響評価」（環境アセスメント）の手続きを進めました。例えば筆者の住む岐阜県では残土約一二八〇万立方メートルのうち、「約二三％にあたる約三〇〇万立方メートルを車両基地内（中津川市）で再利用することを想定している」（二〇一四年八月、環境影響評価書資料編・廃棄物等）とあるだけです。ところが、当時の太田昭宏・国土交通大臣は同年一〇月、このような工事実施計画を認可、リニア建設にゴーサインを出してしまいました。

同社のホームページには、二〇二二年九月末現在のリニアの「進捗状況」が公表されています。そのうち、「発生土活用先の確定状況」は約七五％に留まったまま。この数字の根拠は示されていませんが、そのまま信用したとしても、工事認可から八年たっても四分の一もの残土の行方が決まっていないことに驚かざるを得ません。なぜ、残土処分場探しが難航しているのでしょうか。岐阜県御嵩町を例に考えてみたいと思います。

『サンデー毎日』2022年11月６号より

2　町長襲撃の町に恒久処分場

町は一九九〇年代、産業廃棄物処分場計画に揺れました。九六年には当時の柳川喜郎町長が何者かに襲撃され、翌九七年、町は受け入れの是非を問う「全国初」の住民投票を行い、

トンネル掘削口近くの工事ヤードの山は既に形を変えていた＝2022年11月12日、岐阜県御嵩町美佐野で

計画撤回に追い込んで全国の注目を集めました。

その経験から環境問題への意識が高く、町独自の環境基本条例（二〇〇二年）や希少野生生物保護条例（二〇〇六年）を制定し、レッドデータブックを作成。二〇一三年には国の「環境モデル都市」にも指定されました。

リニア路線上にあるこの町には二本のトンネルが掘られ、残土約九〇万立方メートルを掘削口に近い山林の谷間に埋め立てる計画です。このうちカドミウムやヒ素などの重金属を基準値以上含む「有害残土」（JR東海は「対策土」「要対策土」と呼びます）を含む約五〇万立方メートルを町有地約七ヘクタールに埋め立てる恒久処分場計画を二〇一九年八月、同社が町に打診しました。漏出は二重遮水シートで封じ込めるといいます。

下流には住宅や田畑、木曽川の支流である可児川があります。この地域では「美濃帯」と呼ばれる地層から掘り出された重金属による被害が繰り返されてきました。隣接する可児市では二〇〇三年、東海環状自動車道建設工事で出た残土に含まれる黄鉄鉱による水質汚染が発生し、魚が大量死したり稲作ができなくなったりしています。さらに、町民の不安を決定的にしたのが二〇二一年七月三日に発生し、死者二八人を出した静岡県熱海市の大規模土石流災害です。

有害残土の処分場受け入れを拒む姿勢を示していた渡邊公夫町長は同年九月の町議会で一転、「受け入れを前提として協議に入りたい」と表明。理由として、かつての産廃処分場問題を挙げ、「我々は『なぜ全国の廃棄物を御嵩で（受け入れなければならないのか）』と言ってきたので、『御嵩のもの（土）を、どこかへ持っていけ』と言うのでは論理に整合性がなくなってしまう」と説明しました。

3　候補地は環境省の「重要湿地」

町長の一方的な宣言に加え、残土処分場候補地を巡る重要な情報が長年、伏せられてきたことが町民の反発に輪をかけました。実は候補地は二〇一六年、環境省の「生物多様性の観点から重要度の高い湿地」（重要湿地）に指定されていたというのです。「美佐野ハナノキ湿地群」（美佐野

リニア残土処分場候補地にあるハナノキ。処分場になれば伐採され、表土ははぎ取られて造成が行われる＝2022年６月９日、岐阜県御嵩町美佐野で

湿地）と呼ばれていますが、同省ホームページの重要湿地リストには載っていません。

ただ、地元では以前から「処分場候補地は重要湿地に当たる」という指摘が出ていました。町の環境アドバイザーや希少野生生物保護監視員だった篭橋まゆみさんもその一人。湿地調査に長年携わり、リニア工事による影響を心配して二〇一五年、『御嵩町のハナノキ自生地　毎木調査記録』を仲間とまとめています。

美佐野湿地を象徴するハナノキは「氷河期の生き残り」として知られるカエデの仲間で、自生しているのは岐阜、長野、愛知三県の限られた場所だけ。ゴルフ場や工業団地、住宅開発などで生息地が失われ、同省のレッドリストで「絶滅危惧Ⅱ類」に指定されています。

篭橋さんたちの調査により、美佐野湿地はハナノキの成木が八〇本、幼木と稚樹が四〇〇本以上もある町内最大の自生地であることが判明、同省の重要湿地に推すよう研究者を通じて情報提供もしました。それだけに「候補地は絶滅危惧種の宝庫。残土で埋め立てていいような場所ではありません」と異議を唱えてきました。

町の担当者から当時、耳を疑うような「自慢話」を聞かされたそうです。

「環境省に電話して重要湿地から美佐野湿地の名前を消してやったんだ」

このエピソードが心に引っ掛かっていた筆者は二〇二二年年三月になって、美佐野湿地が重要湿地に指定されているのか否か、環境省に問い合わせました。三日後に返ってきたのは「指定されている」という回答。「東濃地域湧水湿地群」のリスト最後の「など」に含まれているといいます。

篭橋さんが「自慢話」を聞かされたという担当者に同年一〇月、当時の発言について筆者が尋ねると「そんなこと言った記憶は全くない。デマだと思います」と否定しました。が、美佐野湿地が「など」に入れられてしまった経緯を探ると、町が重要湿地の指定に〝後ろ向き〟だったフシがうかがえます。それは筆者の情報公開請求に基づき、町が同月に開示した文書から浮かび上がってきました。

「日本の重要湿地五〇〇」（二〇〇一年選定）の見直し作業を行っていた環境省は二〇一五年八月、更新した重要湿地の公表に向け「最終確認」文書を岐阜県を通じて町に送付。リストには「美佐野湿地」と明記されていました。

これに対して、町が作成した検討資料には、美佐野地区について「リニア計画の対象となる地域で、町民（町議会）から活性化すべき、活性化に慎重であるべきとの意見があり、今回の選定が町民の意見にどう影響があるのか図りしれない」「美佐野地域内の町有地をリニア建設残土の活用候補地として情報提供している」などと、重要湿地指定に否定的な見解が並んでいました。

町によると、岐阜県を通じて残土処分場候補地の照会があり、今回の処分場候補地となった町有地を二〇一三年一月、ＪＲ東海に情報提供していたといいます。

町は結局、「美佐野湿地について、町としては同省、県に対して推薦してきた経緯はなく、選定理由等を詳細に把握しておらず意見を述べる立場にない」と環境省に回答。その〝効果〟もあってか、二〇一六年四月に公表された重要湿地リストに美佐野湿地はなく、「など」に含まれる形になったのです。

4　沿線初の公開フォーラム

町長の「受け入れ前提の協議」表明後、町は残土処分場への町民の不安を解消しようと、二〇二二年五月から二三年三月まで計六回にわたって、有識者を交えＪＲ東海と協議する沿線で

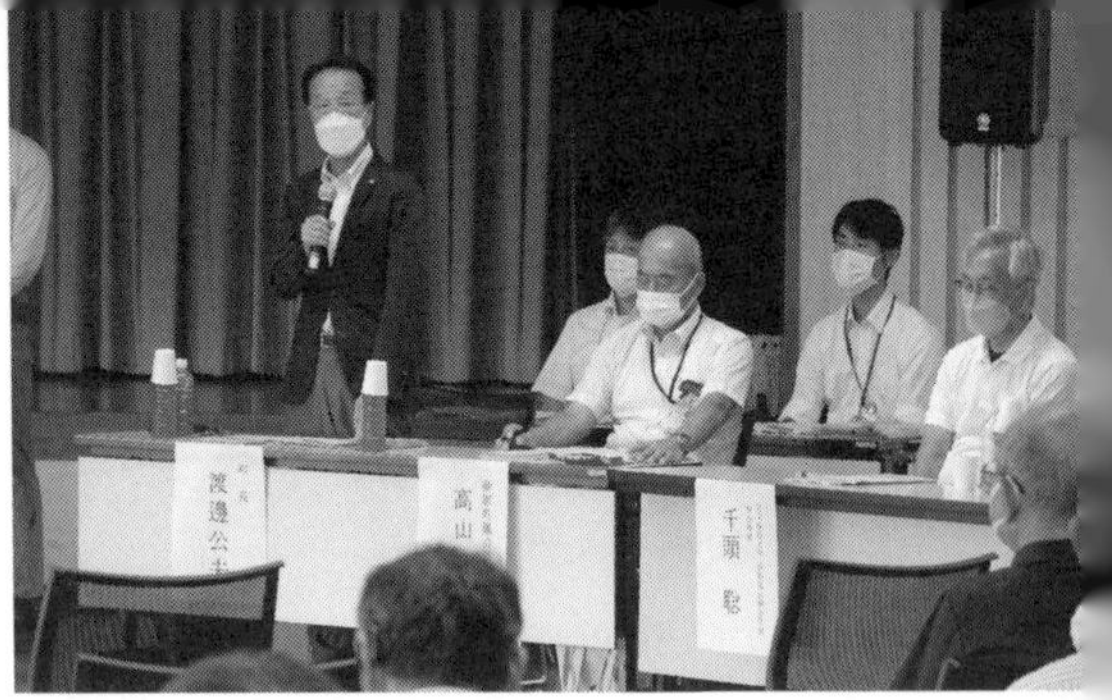

第２回リニア発生土置き場に関するフォーラムであいさつする渡邊公夫・御嵩町長＝2022年８月11日、岐阜県御嵩町の中公民館で

は初めての公開フォーラムを開催しました。予算は約五五〇〇万円。二〇二二年九月二三日の第三回会合では、重要湿地を処分場にする妥当性を問う町民にJR東海の職員が次のように答えました。

「重要湿地がどこかというのは、ハッキリとまだ分かっていませんが、環境をできる限り保全する計画をお示しすることが、できるものだと思っております」

JR東海の広報に公式見解を問い合わせると次のような回答がありました。「重要湿地として美佐野ハナノキ湿地群が指定されたと聞いている」とした上で、「発生土置き場（残土処分場・筆者注）はハナノキ湿地群をできる限り回避したものにしている」といいます。

確かに同社の計画は、ハナノキが最も群生している谷を避ける形になっていますが、町民が数えたところ、成木八〇本のうち二三本、約三割が伐採される予定です。

町はどうでしょうか。岐阜県から出向中の田中克典・企画調整担当参事に尋ねました。

――今回、環境省に問い合わせるまで重要湿地と認識していなかったのか。

「(二〇一六年に)公表された時から、重要湿地に当たると考えていました。これまで同省に(残土処分場候補地が重要湿地に)含まれるか確認したことがなかったから、改めて問い合わせた」

――なぜ町は処分場候補地が重要湿地だと公表せず、JR東海にも説明させなかったのか。

「町の立場からすると、あくまで説明するのはJR東海。町として隠すとか(いう意図)はない」

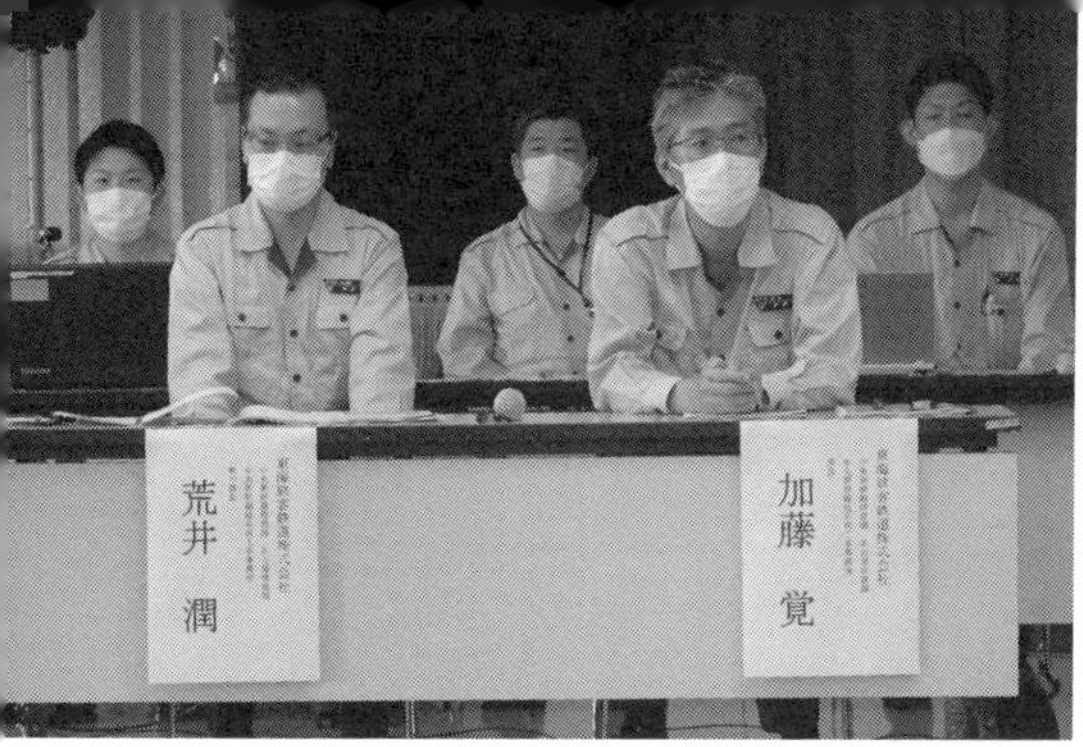

第2回フォーラムに出席したJR東海中央新幹線岐阜西工事事務所の加藤覚所長(前列右)と荒井潤担当課長(同左)＝2022年8月11日、岐阜県御嵩町の中公民館で

では、なぜ町が処分場受け入れに前のめりなのでしょう。町議会で質してきた岡本隆子議員は、処分場候補地はゴルフ場開発業者の撤退に伴い、未払いの町税一億円余りの代わりに町が手に入れた土地で、工業団地や研究所などの構想もあったと説明。「ゴルフ場開発予定があった場所でもあり、『守ろう』という土地ではない、何とかお金の入ることに使いたい、と思ってきたのでは」と推察します。

ここまでの経緯をまとめた筆者の記事「岐阜・御嵩町　リニア残土問題　不都合な事実を伏せた事情」が二〇二二年一〇月二五日発売の『サンデー毎日』(一一月六日号)に掲載

リニア残土処分場候補地が環境省の「重要湿地」に指定されていることを伝える『サンデー毎日』の記事（左）と朝日新聞の記事

されると、朝日新聞が一一月八日付朝刊社会面（名古屋本社版）トップで報じるなどマスコミ報道が続き、町は同月一〇日に開かれた第四回フォーラムで初めて、重要湿地に指定されていることを町民に説明しました。

ところが、その説明も「ハナノキ群生地は置き場（処分場）計画から極力避けられている」と、これまでのJR東海の見解をなぞったもの。環境省自然環境計画課の担当者が筆者の取材に対し、残土処分場候補地がすべて重要湿地に当たると認めているのにも関わらずです。

フォーラム後、渡邊町長に聞きました。

――重要湿地に残土処分場を作ることは適切ですか。

「私は（処分場候補地が）重要湿地に隣接してるっていう解釈です」

――町長は残土処分場受け入れに何でこんなに前向きなんですか。

「前向きじゃないですよ。ウェルカムじゃないって言ったでしょ。こんな嫌なことはやりたくないです」

第４回フォーラム終了後、報道陣の質問に答える渡邊公夫町長（右）＝2022年11月10日

一連の報道を受けて西村明宏・環境大臣は同月一一日の記者会見で記者の質問にこう答えました。
「重要湿地に選定されることによって法的に規制が生じるものではないが、当該地域における事業を検討する際には、関係自治体や事業者が適切に環境配慮を行うことが大変重要であると思う」

5 「楽観」ＪＲ東海を有識者批判

一方、フォーラムに備え、町とＪＲ東海、有識者が会合を重ねていたことも明らかになりました。町議会の資料要求や町民の情報公開請求に応じ、町が公開したのはフォーラムの「業務打合せ・記録簿」。二〇二二年二月から二三年一月まで計五七回分で、このうち最多の一八回で、町とJR東海、有識者、フォーラムを受注したコンサルタントが一堂に会していました（オンラインを含む）。

どんなことが話し合われていたのでしょうか。第一回フォーラム（二〇二二年五月二八日）直後の六月八日には、「フォーラムで参加者から『汚染』という言葉が相次いだ。『汚染』は自然由来の鉱物には使用しない。町やJR東海からは『汚染』という言葉を使用しないようにする」と記され、残土の有害性の印象を弱めようと示し合わせていた様子がうかがえます。

七月二九日にはJR東海からの発言として「今回の要対策土（有害残土・筆者注）はそもそも自然由来であり、それほどの影響は考えられない。遮水シートの破損など対策が必要となったときは水の処理で対応できると考えている」という見解が示されています。

このような「楽観的」な姿勢に有識者は厳しい批判を投げかけていました。「地下で安定していた物質を地上に持ってくることにより、雨水にさらされるなど環境が変わる。そのことに住民は不安を感じるのではないか。問題は人間が手を加えることであり、自然由来を主張しても安全は確認できない。ごまかしてはいけない」（九月二〇日）。

同社が有害残土を包んで封じ込めるとする「二重遮水シート」にも様々な疑念が示されていました。「シートの耐用年数はほぼ三〇年である」（三月八日）、「二重でも一体だと一発で破れないか心配」(二〇月一八日)、「理論上一〇〇年持つという話をしているが実績がない。実績が五〇年くらいしかない」(同月二〇日)。

しかし、これらの有識者のアドバイスは、フォーラム本番では町民にほとんど明かされることはありませんでした。

第五回フォーラム(二〇二三年一月二一日)で、町はようやく残土処分場候補地すべてが重要湿地に含まれることを認めました。最終回となる第六回は三月二一日に開かれましたが、町民の不安や不信は解消されないまま。処分場候補地の地元全一六自治会でつくる「上之郷地区リニアトンネル残土を考える会」の纐纈健史会長が会の終盤、有害残土の持ち込みに反対する決議書を読み上げ、渡邊町長とJR東海に手渡す事態になってしまいました。

渡邊町長は三月八日の町議会で六月の町長選に出馬せず、四期で引退すると表明。残土処分場を受け入れるか否かは「先送りするしかない」とし、新町長に下駄を預ける結果となりました。

6　地元自治体と「もたれ合い」

岐阜県御嵩町の騒動を振り返ってきましたが、迷走する処分場探しの背景に、事業主体であるJR東海の主体性の乏しさ、見通しの甘さがあるのは明らかです。二〇二三年二月五日、町がフォーラムとは別に開いた重要湿地の勉強会で「いつ、美佐野湿地が重要湿地に指定されていると確認したのか」と問う町民に、ＪＲ東海の職員は「お聞きしたのは去年（二〇二二年）の夏ごろです」と答えました。

信じられないような発言ですが、町の公開資料がこのことを裏付けています。町からＪＲ東海宛てに送信された「環境省の重要湿地指定について」と題されたメール（二〇二一年八月九日付）の添付資料には、町が同省に問い合わせた結果として「リニア残土埋立候補地である『美佐野ハナノキ湿地群』は環境省が選定した『重要湿地』に選定されている」と記されています。つまり、ＪＲ東海は最初に町に恒久処分場を打診してから三年もたって、候補地が重要湿地だと把握したということになります。

そもそも、同社が二〇一四年八月に出した環境影響評価書要約書の「岐阜県内における路線概要」には「重要湿地をできる限り回避する」と書かれています。その一方で、残土処分場を重要湿地のど真ん中に計画していることに気付かなかったのだとすれば、あまりにも杜撰と批判されても仕方がありません。

原子力発電所と同じように「国策民営」で進められるリニア中央新幹線は「全国新幹線鉄道整備法」に基づいて建設されています。同法一三条には「地方公共団体は（中略）新幹線鉄道に関し、その建設に要する土地の取得のあっせんその他必要な措置を講ずるよう努めるものとする」

と書かれ、この条文が残土処分場探しでも地元の自治体が協力する根拠になっています。

地方自治体と「もたれ合い」のような形で進められるリニア建設。本来は住民生活を守らなければならない自治体が、ＪＲ東海と「二人三脚」で住民を苦しめる側に立っていないか。これからも情報公開制度などを活用し、不断に監視していく必要性を感じています。

3章

なぜ静岡県でリニア工事が始まらないのか？

林 克

はじめに

金子慎JR東海前社長は、退任間近い二〇二三年二月の記者会見で、初めてリニア中央新幹線の二〇二七年品川・名古屋間の開業について遅れることを明言しました。会見で金子氏は「川勝平太知事と会った二〇年六月時点で、二七年開業がギリギリだった。それから二年八カ月、今から着手しても遅れを取り戻せない」と述べました。開業が遅れればJR東海に責任がなく静岡県のせいだと言い続けています。

二〇二〇年当時金子氏は、静岡県にヤード（作業基地）工事への同意を求めましたが、川勝知

表１　大井川は〝命の水〟

流域の住民生活や産業に欠かせない“命の水”	
概要	○大井川は、間ノ岳（標高3,190m）が源 ○幹川流路延長168km、 流域面積 1,280km²の一級河川
水利用	○水道用水（流域人口約62万人） ○農業用水（灌漑される農地面積は水田と茶園を主体に12,000ha） ○工業用水 ○発電用水（発電所15ケ所、総最大出力約64万KW）
地下水利用	○大井川下流の扇状地では地下水利用も盛ん ○約400の事業所が約900本の井戸を設置

（注）大井川流域：その地形により、その地に降った雨が大井川に流れ込む土地の範囲

静岡県「リニア中央新幹線建設の環境影響に係る県とJR東海の対話の状況」より

事は条例に基づく手続きを進めるよう促しただけで物別れに終わりました。本体工事は、「全量戻し」の具体策確定の後に、利水団体と文書を交わしてこそ初めてゴーサインが出ます。ＪＲ東海が求めた本格的なヤード工事や導水路トンネルの排出口などは、二〇一八年一〇月に県との確認文書を交わしたトンネル本体工事にあたります（『静岡新聞』二〇二〇年七月四日付）。

確認したものをあえてゴリ押しをした理由はなんでしょうか？

そして二〇二二年九月、川勝知事は相模原市に建設予定の関東車両基地に視察を行いました。土地の取得は半分しかすんでおらず工事未着工、建設業者さえ決まっておらず、土地の造成から整備完了まで一一年かかるとされています。車両基地はリニア開業に対して不可欠なもので、到底二〇二七年には間に合わないと指摘しました。

それに対して金子氏は、すぐさま静岡県庁を訪れ川勝知事と直接会談をしましたが、具体的に知事の指摘に応えるものとは言えませんでした。その上であくまで静岡工区の着工遅れが開業時期に影響していると説明しました。

この間の金子氏の発言が増幅され、内容を正確に理解せず「静岡県が悪い」「知事がごねている」という論調は、広くネットで拡散されている状況があります。なぜ金子氏が一貫して静岡悪者論を喧伝しているのか？　現時点でも静岡県のリニア工事が始まっていない状況を振り返ってみましょう。

1　「毎秒二トン減る」から「湧水の全量戻し」

静岡県のリニア問題が県民に意識されたのは、何といっても二〇一三年九月の環境影響評価準備書に「大井川の河川流量が毎秒二トン減少」と書かれてからです。静岡県のリニア中央新幹線は、南アルプスを一〇・七キロにわたり横断するだけですが、ここは大井川の水源であり、その水は水道、農業、工業などに高度に利用され（表1）、地域を支えるまさに「命の水」です。

二〇一四年三月末、「トンネル工事によって生じた湧水を全量戻すこと」と環境影響評価準備書に対しての静岡県知事意見が国土交通大臣へ提出されました。この知事意見はその後、静岡県とJR東海の話し合いの基軸になります。

同じ二〇一四年六月に、環境大臣は「相当な環境負荷が生じることが懸念される」ことや、山岳トンネルからの大量の湧水発生の可能性などを指摘し、「事後的な対応措置は困難である」として「精度の高い予測の実施及び水系への影響の回避」を必要とする意見書を国土交通相に提出しました。また南アルプス国立公園やユネスコエコパークの環境保全措置も、具体的な項目に及び厳しい保存措置を要求しました。

これを受けた国土交通大臣意見は、大井川を名指しで「必要に応じて精度の高い予測を行い、その結果に基づき水系への影響の回避を図ること」をあげ、「本事業を円滑に実施するためには、地元の理解と協力を得ることが不可欠である」としました。静岡県内の水と環境問題について、認可の前提となる両大臣の意見はJR東海に対して具体的な枠をはめることになり、特に工事の前提として「地元の理解と協力」が不可欠であることが、静岡県知事意見の「湧水の全量戻し」とならんでその後のさまざまな協議に大きく作用したことは間違いありません。

2　「全量戻し」から国の有識者会議へ

二〇一四年の工事認可以降、工事着工をめぐって静岡県の「トンネル湧水の全量戻し」をはじめリニア工事のできる限りの負の影響の防止の主張と、ＪＲ東海の「大井川の河川流量の一定の確保」という着工優先の姿勢との間で大きな対立が生まれていきます。

二〇一八年一〇月、ＪＲ東海はこれまでの方針を転換させ、トンネル湧水の全量を大井川に回復させる方針を表明しました。県知事が「全量戻し」の知事意見を環境評価において表明して五年半、国土交通大臣の「地元の理解と協力」を前提とした工事認可から五年もかかっており、いかにＪＲ東海は静岡県の意見を侮っていたのかが感じられます。そしてこの時からの協議は、全量回復の手法、水質の確保と毎秒二トンと試算した根拠などが必要で、即協定締結にならないことを確認しました。

図１　導水路トンネル計画

※山梨県境取付案の導水路トンネルは断層帯によって工事が不可能のため設置せず

山梨県境付近へ導水路トンネルを取付ける計画

※第5回リニア中央新幹線静岡工区有識者会議（2020年8月25日）JR東海説明資料（静岡県が一部加筆）

しかしこの協議は約一年で終わります。二〇一九年八月の専門部会で、ＪＲ東海は、山梨県境付近に大規模な破砕帯が存在し、その出水による人や機械の沈没を避けるために山梨県側から掘削すると表明、一〇カ月の間、静岡県側からの湧水が山梨県側に流れると説明、ＪＲ東海の提案した導水路・ポンプアップの工法では戻すことができず、難波喬司静岡県副知事は「（湧水）全量を戻さないことが明らかになった」として反発しました。

これは今まで県境を境に静岡県側の水を回収すると協議してきたことと一八〇度違う考えです。もっとも二〇一五年の山梨工区の設定は、この断層を含んで一キロほど静岡県側へ張り出しており、おそらく当初からＪＲ東海はこの断層を確認しており、それを隠したまま静岡県側と協議してきたと推測され、ここでもＪＲ東海の不誠実な態度が見て取れます。

両者は膠着状態に陥りますが、ここで動いたのは国土交通省です。「行司役」を自認する国交省として、新たにトンネル湧水を全量戻す方法と中下流域の地下水への影響について科学的、工学的に検証し、ＪＲ東海を指導するための有識者会議を設置することとなりました。静岡県の中では、「国交省は認可した機関、中立ではない」との意見がくすぶっていました。

国交省の有識者会議は二〇二〇年四月に第一回目が開始されました。ＪＲ東海の金子社長（当時）は会議冒頭で「ハイレベルで時間を要する課題が県の提起に含まれ、県から実現しがたい課題が課されている」と発言し、静岡県民の切実な要求を科学的根拠もなく批判に終始したことは、多くの県民からの反発を呼びました。

先に書いた六月の金子氏の静岡県庁での川勝知事との会談も裏側にこの問題意識があり、世論の動員を狙ったと考えられます。実際、会談が終わると各マスコミが一斉に静岡県の準備工事の拒否とあわせて「リニア27年開業延期へ」と報じ、ネットなどで「静岡バッシング」の声が集中しました。「静岡がごねている」「中国に利する」と意味不明、事実に基づかないものが多く見られました。

金子氏の攻勢は全国レベルでは一定の影響力を持ったものの、静岡県ではほとんど功を奏しませんでした。二〇二一年六月の静岡県知事選では川勝知事が自民候補を三〇万票以上の大差で下し、マスコミの出口調査によれば、県民は投票理由のトップ、四二%の人がリニア問題を答え、その九割の人が川勝知事に投票し、川勝知事の発言力を高めました。

3　有識者会議の議論から中間報告へ

水問題についてJR東海を指導するための中間報告は、二〇二一年末に取りまとめられました。それは有識者会議自身ではなく事務局の国交省鉄道局が主導して作っており、会議内容がすべて反映されたものではありませんでした。静岡県は、工事期間中も含めたトンネル湧水の全量戻しが必要だとされたことを評価する一方で、有識者会議において「全量戻し」の方法、水質への影響、トンネル残土処理の方法など議論が不十分な内容で、「現時点で工事は認められない」と意見を述べました。中間報告の大井川中下流の表流水と地下水についての主要な結論は次の①②のようになります。

①トンネル湧水を全量戻せば、中下流域の河川流量は維持される。中下流域の地下水量への影響は極めて小さい

トンネル湧水を全量戻すことは、今後県の専門部会で具体案を詰めていくことになり、また「(工事期間中に)戻さない場合は全量戻しにならない」(六ページ)とされたことも重要。

②(JR東海、静岡市モデル程度の湧水量であれば)工事期間中の一〇カ月間、県外流出によっても中下流域の河川流量は維持され、中下流域の地下水量への影響は極めて小さい

中間報告は、JR東海モデルや静岡市モデルで算出された湧水量は「一定の前提を置いた上での計算結果であり不確実性を伴う」(二四ページ)としました。二つのモデルによる湧水量を「確定的なものではなく、突発湧水等の不測の事態が生じる可能性がある」(二六ページ)と確認しています(国の有識者会議の議論の問題点から中間報告に至る経過は、雑誌『世界』二〇二二年九月号、樫田秀

樹「リニア新幹線は可能か？奪われる水源」を参照のこと）。

「リニア工事『河川流量は維持可能』国が中間報告」と翌日見出しを打ったのは日経です。①②の後段部分だけを取ったもので、国の中間報告は、国の有識者会議の性格、中間報告のとりまとめの仕方を考慮しなければこうした見出しの出し方になるのかもしれません。しかしそれでは当日の記者会見で、ＪＲ東海の宇野護副社長が「静岡工区の道筋が見通せないと難しい」と認め、地元自治体の理解を得るよう努めると強調したことは理解できません。

4　全量戻しの具体策と生物多様性問題、県境ボーリング

二〇二二年四月、中間報告で示された工事期間中も含めた「全量戻し」の具体策等の議論が静岡県専門部会に戻ってきました。最初の会議の中で、ＪＲ東海は山梨県内のトンネル湧水をトンネル貫通後に大井川に戻すＡ案と、東電田代ダムの発電のための取水を抑制し大井川に還元するＢ案を専門部会に提案しました。Ａ案はほとんど顧みられず、Ｂ案について議論の入口に立ったところです。また東電の了解が得られているのか、渇水期において取水抑制できるのかはこれからの議論となります（二〇二三年三月時点）。川勝知事は、田代ダム案がこれまで積み上げてきた「全量戻し」には当たらないが、県外に流出した水と同じ量を戻す方策として検討に値するもの

図２　地下水位の予測

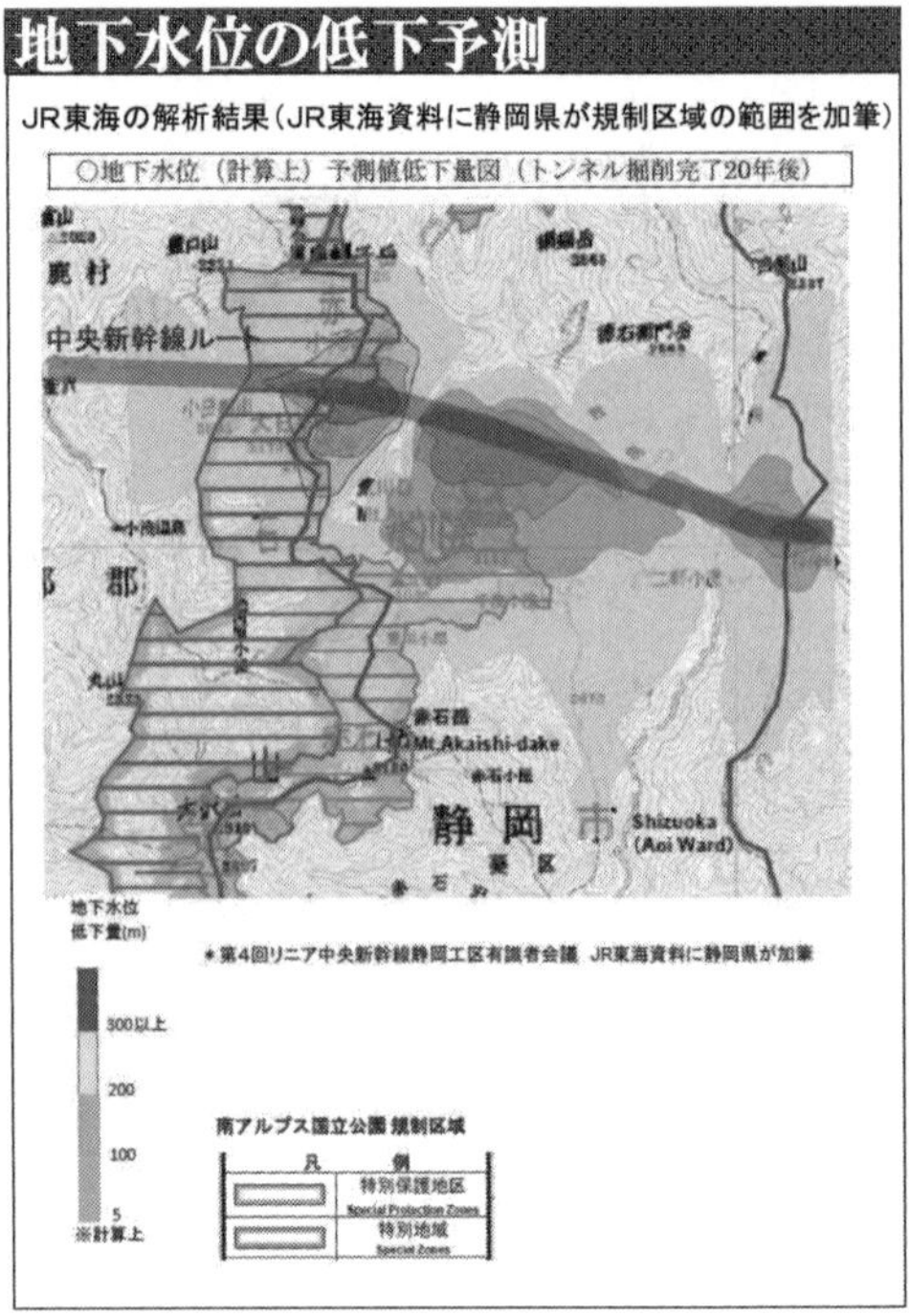

としました。

一方、生物多様性の国の専門家会議が二〇二二年六月からスタートしました。ＪＲ東海の導水路トンネルを設置しポンプアップをしたとしても、椹島《さわらじま》以北については最大三八〇メートルという地下水位の低下とともに河川流量が減少し、環境に大きなダメージを与えざるを得ません。生態系への影響を明確にした上で、ＪＲ東海に対して回避の対策まで出せるのかが問われています。

二〇二三年二月二一日、ＪＲ東海は、山梨県から静岡県境に向けた高速長尺先進ボーリングの削孔《さっこう》を開始しました。すぐさま川勝知事は「本県の要請に対する調整が整わないまま開始することは極めて遺憾」とのコメントを発表しました。

この案件は二〇二二年一〇月に出てきた新たな課題です。ＪＲ東海は県境から約一キロのところまで来た先進坑から、高速先進長尺ボーリングによる「調査」のために掘削を実施したいとしたのに対して、静岡県側は県境に近づけば近づくほど静岡県内の水を引っ張る量が増えると主張し、山梨県側に流出する地下水の戻し方が決まるまでの間、「どの場所で静岡県境へ向けた工事を止めるのか」話し合ってほしいと申し入れました。

現在急いでやる必要のない工事をこの時点で実施するということも問題ですし、しかも国交省が工事延期を指導している中で工事が始められたのです。この工事の実施は、二月一六日の記者会見の金子氏の「県との合意が必要とは思っていない」との言葉で始まったと捉えられます。ネットなどの反応を見ると、これまでの金子氏の「遅れているのは静岡のせい」のキャンペーンの一環と考えられます。

5　リニアが壊す南アルプス

見てきたようにＪＲ東海の金子前社長が策を弄するのは、ＪＲ東海が、環境を守らずに計画を急ぎ、都合の悪いデータを出さないで進めてきたことと裏腹の関係です。それではそのことを具体的に指摘していきたいと思います。

一つにはルート選定時の交通政策審議会中央新幹線小委員会において、ルートごとの湧水について恣意的なデータでしか検討されていなかったことがあげられます。有力であった伊那ルートと南アルプスルートを比較する際、「水環境」の分野では後から深刻な大問題に発展するにもかかわらず、両エリアの代表的な湧水の比較（図3）を見ると、伊那谷単独エリアでは五三の湧水地点、南アルプス単独エリアでは「代表的湧水は存在しない」と当たり障りのないテーマしか比較されませんでした。委員会唯一の環境の専門家である中村太士・北海道大大学院農学研究院教授は、比較資料の不足に「自然環境的にみてどちらがいいといったような議論は少々無理だと思われます」とデータの少なさに苦言を呈しました。

また地震の専門家、石橋克彦神戸大名誉教授は、「小委員会の重大な手落ちは、活断層と東海地震などがリニア新幹線にどのような影響を与えるかを検討しなかった」「そもそも小委員会には地震関係の専門家はいなかった」と指摘しています（石橋克彦『リニア新幹線と南海トラフ巨大地震』集英社新書）。

二つには環境影響評価の問題です。二〇一三年九月の環境影響評価準備書で初めて毎秒二トンの大井川の流量減少が示され、県内で大きな問題となりました。この時点でしかそのデータは示すことができなかったのは疑問です。流量減のもととなる水収支解析（いわゆるJR東海モデル）による上流部河川の流量調査が二〇〇六年から二〇一二年にかけて実施されています。この解析

図３　伊那ルートと南アルプスルートの湧水の比較

第9回中央新幹線小委員会配付資料「環境調査結果について」より

②水環境〈湧水の概要〉　２．地域特性

伊那谷単独エリア	南アルプス単独エリア	共通エリア
単位：箇所 代表的な湧水：53	単位：箇所 代表的な湧水：—	単位：箇所 代表的な湧水：4
代表的な湧水が53箇所存在する。特に、長野県側の区間には多くの湧水が存在する。	代表的な湧水は存在しない。	代表的な湧水が東側・西側2箇所ずつ、計4箇所存在する。

湧水とは、地下水が、台地の崖下や丘陵の谷間からわき出ているもの。古くから地域の人々の生活用水や農業用水として大切に使われており、中小河川の水源となっているものもあり、また、都会にある湧水は人々にとって潤いと安らぎの場を提供している。

自体は机上で行うために二〇一一年九月の環境影響評価方法書でも十分可能なはずです。おそらく南アルプスの最大三八〇メートルの地下水位の低下も算出されたと思います。

しかし「方法書」ではそれが示されず、河川の現状、特に流量については国土交通省の調査による閑蔵《かんぞう》（静岡市葵区井川）の値のみで、流量調査のデータさえ記載がありません。特に後からその影響を大きく受けるとされた川根本町や島田市などは、「対象事業に係る環境影響を受ける範囲であると認められる地域（環境影響評価法一五条）」とすらされず、「方法書」の送付や縦覧さえも行われませんでした。見てきたように「規模が大きく環境影響の程度が著しいものとなるおそれがある事業」であるリニア事業に関して、JR東海は適切に環境影響評価を行いませんでした。静岡県は問題が明らかになった事後において、環境大臣意見、国交大臣意見の趣旨に沿い、静岡県条例に基づいて事後の環境影響を総合的に評価せざるをえませんでした。しかもその進行を見るならば、JR東海は常に静岡県が要請したことに応えずデータも出さず環境影響評価を軽視する態度を取り続けたことが、協議が進まない原因となりました。

三つには前二つとも関係していますが、データ隠し、説明責任を果たさないJR東海の体質があげられます。二〇〇八年に実施された地形・地質等調査報告書（運輸大臣の調査指示）以降、JR東海にとって南アルプスルートを選択するのに都合のいいデータを活用していることです。静岡県は、二〇一一年六月の計画段階配慮書の中で、JR東海が巨摩山地に比較して「南アルプスはトンネル設置の制約無し」としたことは調査にもとづいていないと指摘しました。

また二〇一三年三月に実施された地質調査資料（JR東海が調査会社に委託）は、静岡県の再三の要求にもかかわらず、公開されたのは二〇二二年四月のことでした。「畑薙断層とその影響圏。破砕質地山《じやま》」と明記され、「（静岡県内）全区間にわたって切羽崩壊が懸念される」と県境の大断層以外に少なくとも四つの破砕質な地層を指摘しています。にもかかわらずその重大な内容は二〇一三年九月の「準備書」では反映されず、「地質が脆弱な部分を通過することがあり、状況によっては工事中に集中的な湧水が発生する可能性がある」という穏便な表現にとどまり、その影響を軽く見せています。

これはさまざまな問題を含みますが、例えば、すでに工区割りの時点で大量湧水の危険がある

「県境の大断層」の存在をＪＲ東海が知っていたことになり、最初から工事中は大量の湧水を山梨県側に流すことを意図していたと推測されます。

以上のようにＪＲ東海が、手持ちのデータすら出さない、あるいは都合よく解釈する姿勢がルート選択、環境影響評価、その後の県との話し合いにおいて貫かれていると考えます。ＪＲ東海の故葛西会長のリニア事業の着手はもとより、スーパーメガリージョン構想という東京一極集中を招く国土計画への政治的意向のために環境が犠牲にされたと考えざるを得ません。静岡県について言えばＪＲ東海が本来実施すべき環境の検討を行わず、その対策は静岡県に要求されて後追いで提案していることが、県民との乖離をもたらしていると言えるのではないでしょうか。

ＪＲ東海が環境の検討を避けたことに問題があるのに、金子氏はそれをすり替えて静岡県のせいだと責任を転嫁しています。今後もその姿勢を貫くなら静岡県民の理解を得ることができず、リニア事業がますます不必要だと実感されるようになると考えます。

4章 多くの不安を抱えたリニアのトンネル工事

大塚　正幸

1　難しい日本のトンネル工事

環境アセスメントも蔑ろにして、ＪＲ東海の手で国策民営のリニアプロジェクトが強引に進められています。民間企業の営利目的のため、距離の短絡を最優先とするルートを選んだ結果、品川・名古屋間では八六％がトンネルとなりました。時速五〇〇㎞の高速で地下を〝飛ぶ〟リニアの車両は、通勤電車より幅が狭いのに、空気抵抗を減らすためにトンネルは、新幹線より二〜五割（シールドの場合）も大きな断面で掘ることになります。落盤や大出水事故などで多くの犠牲者と一六年の歳月をかけて完成した丹那トンネルは、日本の難工事トンネルの見本市のようなもの

表１　難工事トンネル地山のカテゴリー

カテゴリー区分	主たる出現地質・地質構造	事故事象
(a) 変形地山　膨張性地山は日本各地に…とくに長野・新潟・山形グリーンタフ地帯		
1. 膨張性地山（正しくは塑性流動性地山）	軟質泥岩、凝灰岩、蛇紋岩、温泉余土 断層破砕帯、褶曲帯、熱変性帯	壁面・鏡面の押出し崩壊 変形の長期継続【改築】
2. 非粘結地山	均質砂層、マサ土、火山噴出物（シラス）	切羽の漸次崩壊、自立不能
3. 山はね	高土圧・偏圧下の硬質岩	突発性切羽崩落、飛石
(b) 湧水地山　トンネルに水は大敵…空洞造成、地山物性の劣化、支保能力低下		
1. 高圧湧水	高被圧断層・破砕帯および不整合面＊	突発性噴出、切羽崩壊
2. 大量湧水	断層、不整合面、亀裂（裂か）、水盆地形	切羽の逐次崩壊・水没
3. 流砂	均等質細砂、火山噴出物（シラス）	切羽の漸次崩壊、埋没
その他の地山 ＊注）不整合面：浸食をうけた時代的に不連続な堆積地層の境界面のこと		
(c) 高熱	活動火山帯、温泉近傍	暴発事故、作業環境
(d) ガス 可燃・有毒	産炭・油田地域、火山性ガス	爆発燃焼、中毒、酸欠
(e) 鉱毒 毒水・ずり	鉱山、その他特殊組成土石	【坑外排水、廃土環境】
(f) 空洞	廃坑、鉱山跡、石灰岩（鍾乳洞）	突発湧水 崩落 【陥没】

でした。以来先人たちは、失敗と工夫を重ねながら、複雑な日本の地質条件を乗り越えてトンネルを掘ってきました。南アルプストンネルが、かつてない難工事となるであろうことはJR東海自身も認めていますが、本格的工事が始まる前に周辺トンネルで、すでに陥没や落盤事故が続いています。

一方、大深度法が適用される都市域のシールドトンネルは、これまた経験したことのない大深度、大断面の工事ですが、立坑や試験掘削の段階から、工事を中断する深刻なトラブルを繰り返しています。過去の工事経験を正しく活かし、時間とお金をかけさえするなら、トンネルの掘削自体は不可能ではないでしょう。しかし、企業利益を優先するＪＲ東海の、無謀とも言える路線計画の結果、危険な難工事トンネルに加えて、流域の水枯れ、残土の流出、住宅の陥没など、取り返すことのできない何重ものリスクを抱えることになりました。

筆者がこの事業に疑いを持つ事由は、ＪＲ東海という民間会社の隠蔽的な体質にあります。これほどの難工事であるのに、地質評価やトンネル工事の実状について、関連の学会誌、専門誌への情報公開が控えられているようです。過去や近傍の難工事に学ばず、地質情報や施工状況の共有を避け、身内だけで独善的に事を進めるようでは、過去最大級の難しい条件にあるこの工事を克服することは難しいと思います。

2　トンネルの施工法と難工事

(1)　難工事トンネル

これまで経験した難工事トンネルの要因を分類して**表1**に示しました。名古屋まで二八六kmの路線には、可燃性ガス、ウラン鉱石、亜炭廃坑（空洞）の潜在区域が含まれていますが、既往の記録にたよるだけで実態調査は行われていません。すでに各地で問題化している有害残土（要対策士）については、恒久対策を先送りにしてトンネル掘削工事が進められています。

トンネルで最も一般的な難工事は、土圧もしくは湧水によるものです。切羽が自立できない軟らかな地山では、トンネルを押し潰すような変形が止められず、掘削が完全にできなくなっています。高圧、大量の湧水もおさまるまで作業を進めることができません。

このことの理解のためにトンネルの一般的な施工法を説明しておきます。

(2) トンネルの施工法

トンネル周りの地山《じやま》（自然状態のままの岩や土）には、最低でも土被り《どかぶ》り（トンネルから地表面までの高さ）に相当する地圧がかかっています。もぐらのトンネルが暫くの間崩れないで保たれるのは、空洞の周りの土が小さな穴に相応するだけの強さを持っているからです。人の造るトンネルでは、岩盤の自立力を増やすために支保工（吹付コンクリートやロックボルト）で補強して、空洞が保たれている間にコンクリートで恒久的な構造物（覆工）を構築します。大雑把にいえばこれが山岳トンネルに適用されるＮＡＴＭ（New-Austrian Tunneling Method）の理屈です。**図1**は標準的なＮＡＴＭの支保パターン、**写真1**は掘削中の作業の情況です。機械や発破を用いて、切羽（掘削の先端部の地山）の岩盤を確認しながら掘ります。悪い地山にあたったときには、崩れないように支保工を増したり、小さな断面に分割して少しずつ掘り拡げる方法で対処します。

図1　NATMの標準支保パターン

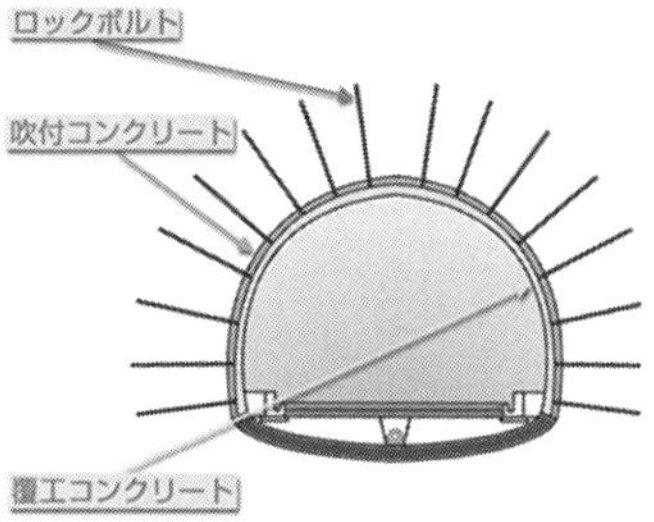

写真1　ＮＡＴＭの掘削作業

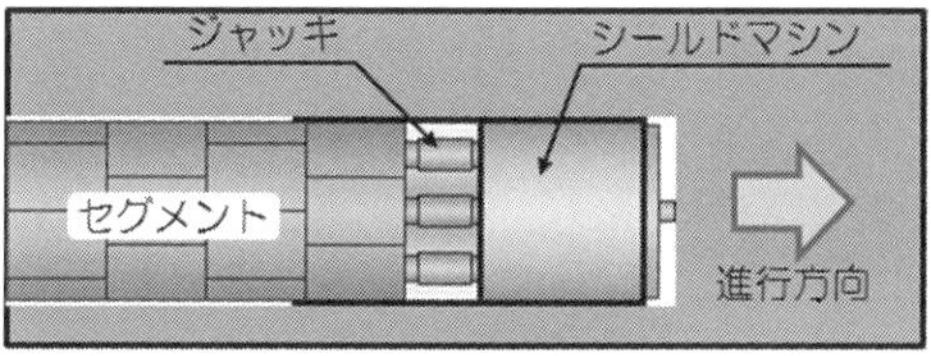

図2　シールドエ法

写真2　シールドマシン

地質の軟かい都市部で使われるシールド工法を**図2**に示します。無数のカッターが付いたシールドマシンの面盤（**写真2**）を回転させ、土圧や水圧で戻されないよう、ジャッキで地山に押し付けながら掘り進め、すぐ後方でセグメント（リング状のピース）を円筒状に組み立てます。切羽が剥《む》き出しにならないので安全性は高いといえますが、地山の状態を見ることができないので、地質が急に悪くなった場合の対応が遅れることが難点です。また、用途によっては必要ない空間まで、円形で余分に掘ってしまうという無駄も生じます。機械力でカバーできる大きさ

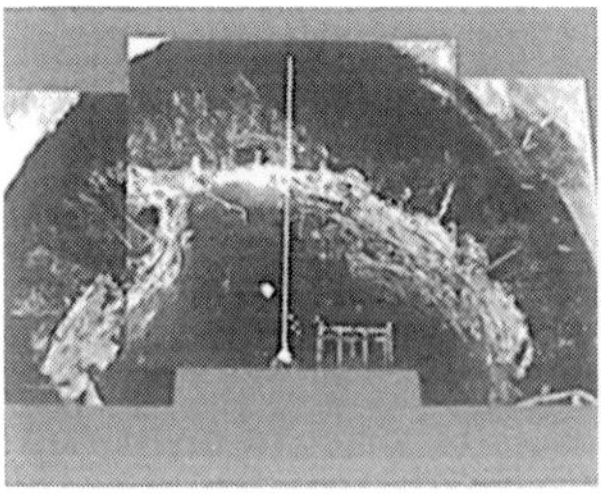

写真3(a)　土圧によるトンネルの押出し

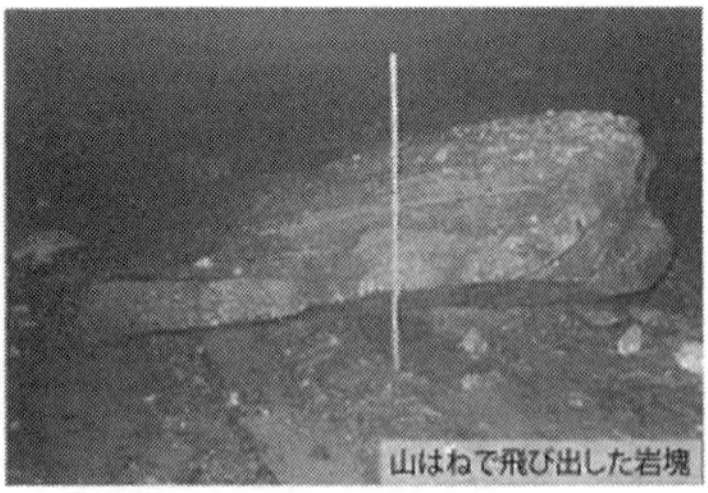

写真3(b)　山はねで飛び出した岩塊

に技術的限界があります。

どちらの工法にしても、基本的にトンネル工事の難易に関わる条件は、第一に土圧（一般には土被り高さ分の岩石の重さ）と、それに耐える地山の強さですが、さらにもう一つ重要な要素が地下水です。湧き出す高圧の水は切羽を崩壊させるだけではありません。少し難しい話になりますが、切羽の自立力（強度）は、地山の持ついろいろな性状のうち、粘着力とせん断摩擦角によって決まります。もともと軟らかい砂や粘土の地山は、水をたっぷり含むと自立性を失くしてしまいます（例：砂場の砂は盛ることができますが、波打ち際の砂浜の砂は流れてしまい、掘ることもできません）。

(3)　土圧と湧水による難工事の実態例

変形する地山：強大な土圧に伴うトラブルの事例を**写真3(a)(b)**に示しました。岩盤強度の弱い地山では、掘り終わったトンネルが内側に大きく膨れだし、支保工を押し潰してしまいます（**写真3(a)**）。ロックボルトを増すなどしても止められないときは、小

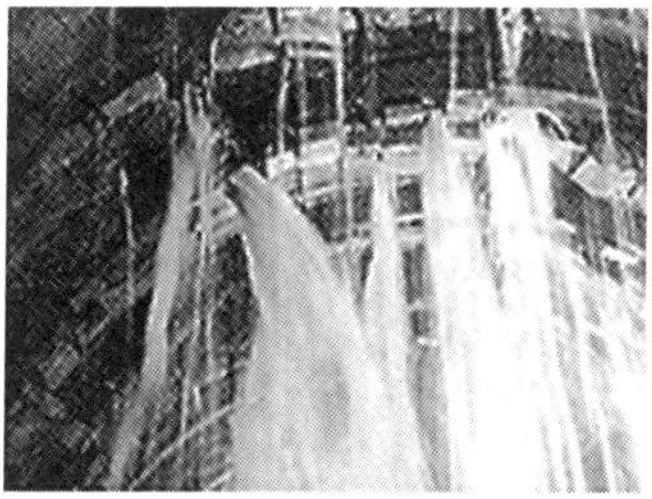

写真4(a)　断層破砕帯の大湧水

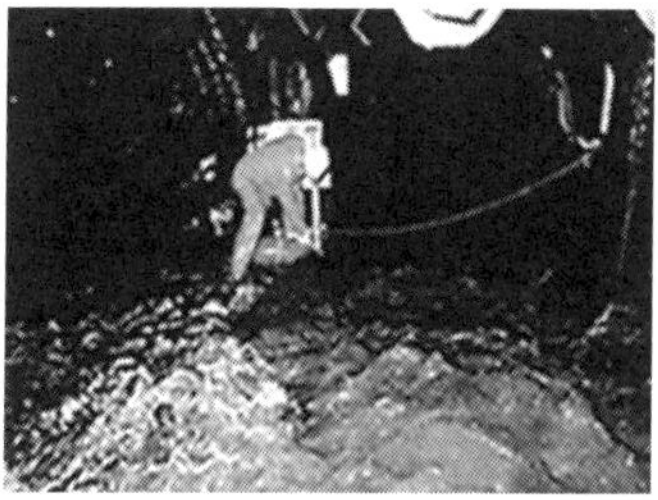

写真4(b)　毎秒3㎥の湧水

さな導坑を先行させて、圧力を逃がすなどの対策が採られます。
一方、深い土被りの硬い岩盤で見られる現象が山はねです。切羽周辺の岩盤が急激に破壊し、破片が飛散します（**写真3(b)**）。日本では関越トンネルなど数例の報告しかありません。

高圧・大量の湧水：昔から〝超〟と言われるほどの難工事トンネルは、強大な土圧よりも湧水によることの方が多いのです。**写真4(a)(b)**は大量の出水の事例です。数百mの地下水位と同じ数十気圧の高圧で湧き出す大量の湧水は、薬液注入などでは止めることはできません。また、時間が経っても水抜き坑などの効果が表れるまでなかなか減りません。
立坑や斜坑の底から掘り進める場合、大量出水は坑内水没の危険をともないます。

流動性地山：堆積してできた土砂層や粘土化した断層において、水を含むと極度に強さをなくして崩れてしまう地山が引き起こす事故が着目されるようになりました。**写真5(a)**は山岳トンネルで「流砂」と呼ばれる形態の崩壊事故です。シールドの「噴発」事

写真5(a)　水と砂が一緒に流れ出す流砂

写真5(b)　流れ出す砂が止められない噴発

故には、流動性地質が疑われるものがあります（写真5(b)）。

3　南アルプストンネルは無謀なチャレンジ

(1)　構造線に挟まれた一帯の異常な土圧

南アルプストンネルは、日本列島を東西に分断する大地溝帯（フォッサマグナ）の西縁にあたる糸魚川静岡構造線と、南北に分かつ中央構造線を横断します。構造線とは地質が不連続に重なる大規模な境界です。赤石山脈は巨大地震の震源として知られているフィリピン海プレートの潜込み先にあたり、世界に例を見ないような激しい山体の隆起が続いていて、地中はひずみが蓄積され、地上は常に崩壊を繰り返している地帯です（図3、図4）。断層運動によるいくつもの断層が重なりずれが繰り返された結果、地盤がグチャグチャになった不良地質帯で、断層破砕帯にはさらに脆弱な蛇紋岩が分布します。このような構造帯を大深度で貫くトンネルは、高い土圧による切羽の圧壊、軟質岩では著しい押出しや盤膨《ばんぶく》れが避けられません。とくに変形の大きな地山には小断面先進導坑の先掘りや、地山強化のための薬液注入に多くの時間を割かねばならず、掘削速度は極度に低下します。反対に非常に硬い岩石では、規模の大きな山はねが発生する可能性があります。山はねにたいしては、発破のたびに岩盤の安定を待つ間、ただ待つしかありません。

図３　日本列島の骨組みを組み替えた構造線

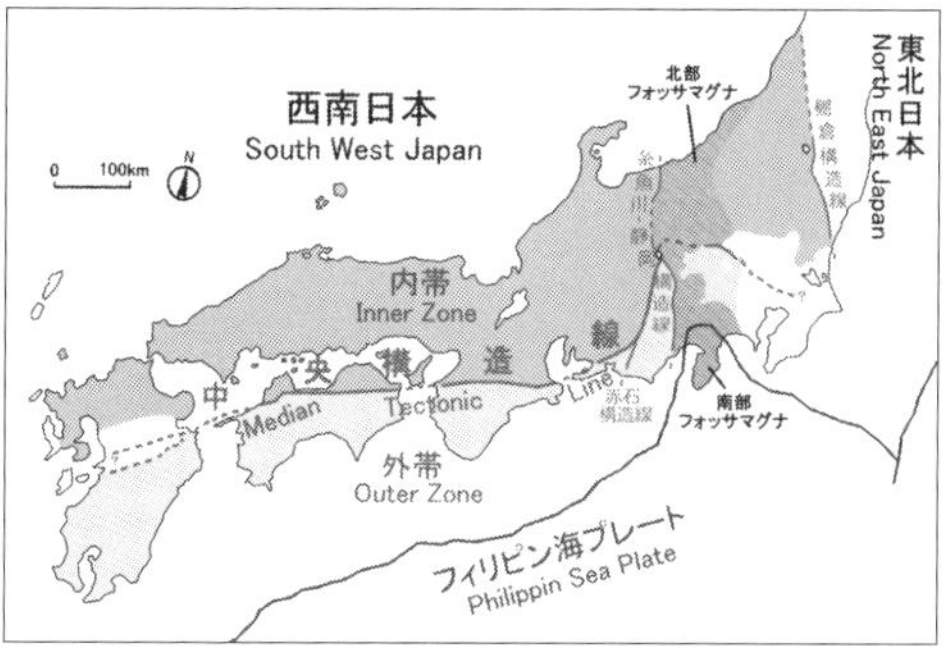

図４　百万年前から始まっている隆起

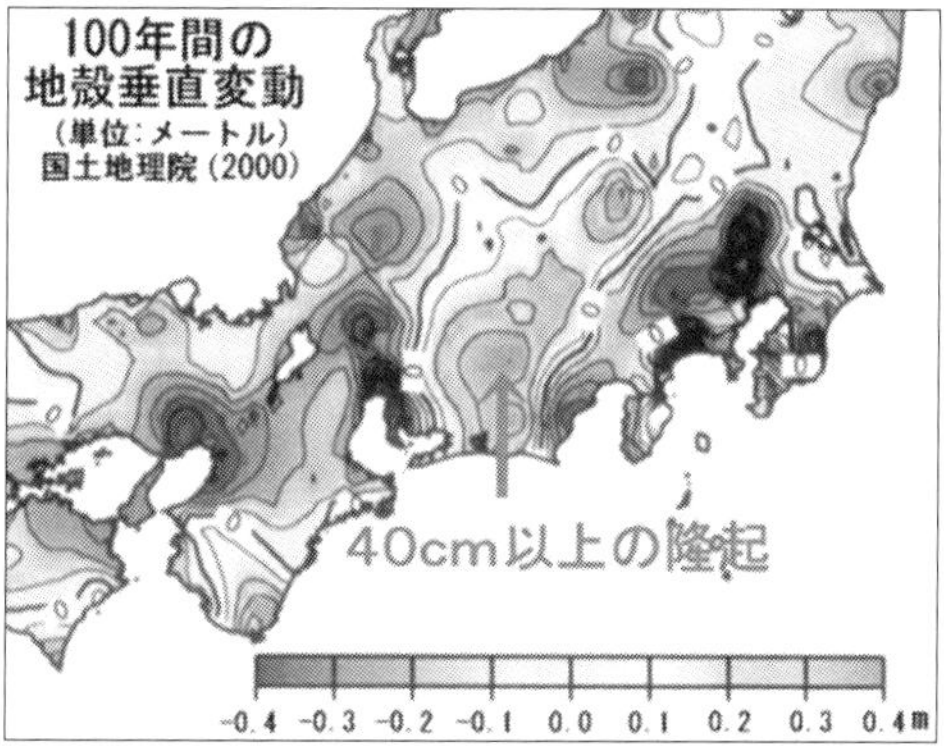

断層破砕帯のトンネル坑口の選定は重要です。とくに脆弱性の著しい蛇紋岩の分布地域である小渋川を橋梁で越える現ルートは大きな問題です。マグニチュード6を超えるような地震や、激しい連続降雨で坑口斜面は崩壊の危険度が高く、土被りの浅い坑口付近のトンネルの維持管理とともに、

無謀な路線選定は将来に亘る禍根を残すことになるでしょう。蛇紋岩帯の大崩落地である大鹿村の鳶ヶ巣沢《とびがすざわ》直下に計画されている二〇～三〇万㎥もの残土捨て場は、大規模土石流に巻き込まれる危険や恐れが多分にあります。

(2) 高圧・多量の出水

山岳部のトンネルの一般的な湧水は、岩の割れ目に含まれる水が流れ出すものですが、隙間の多い断層や断層周辺の破砕帯は集中湧水の供給源となります。中央構造線に沿っていくつもの断層が集まる南アルプスの破砕帯が水がめとなっている可能性があります。破砕帯には、地下水の高さに等しい大きな圧力がかかります。

ＪＲ東海は大井川の予測減水量を二㎥／秒と発表（二〇一三年九月）し、また、二〇年後に山腹の地下水位が三〇〇m低下するという試料を提出（二〇二〇年七月）したとされます。地質調査の当否を判断することはできませんが、過去の長大トンネルの事例によれば、最大三㎥／秒（安房トンネル）[1]、五五気圧（飛騨トンネル）[2]の大量の被圧湧水が報告されています。

丹那トンネルの切羽最大湧水量は三・二㎥／秒という記録があります[3]（ちなみ三㎥／秒は、競泳用プールを一四分で一杯にする量に、五気圧の水道の水栓は五〇mの水圧に相当します）。

トンネル工事の大量湧水は、水を枯らして掘るのが鉄則ですが、出水箇所を迂回して何本もの水抜きのトンネル掘って減水させる工事は、とてつもない時間と費用がかかります。一カ所の湧水を突破するために数カ月要することはあたりまえのことです。あまり知られていませんが上越新幹線の中山トンネルでは、斜坑坑口まで溢れる大出水を止めることができず、ついに発注者が斜坑の契約を解約したという極端な事例が生まれました。(4)

(3) 蔑ろにした地質調査

大変形や大湧水があらかじめ予測される南アルプストンネルに対しては、JR東海の備えがあまりにも甘いといわざるを得ません。従来、絶対の難工事が予測されるケースでは、調査のための委員会などを組織して、路線選定、施工事例検討、地質調査などに五年、ときには一〇年の歳月を準備にかけています。例示した安房トンネル（五・六km）は調査坑に一一年、本坑完成まで一五年かかりました。飛騨トンネル（一〇・七km）は、先進調査坑の着手から貫通まで一〇年、完成まで一二年を要しています。飛騨トンネルの貫通を見てJR東海が南アルプスルートに方向を転じたのは二〇〇七年のことですが、この難しいトンネルについての情報収集が少なすぎます。三遠南信自動車道路（国道一五二号線）は、中央構造線に沿って赤石山地を南北に縦走する改良計画道路です。難工事の予測区間の地質を二〇一三年から五年間にわたって再調査した結果、すでに完成していた一・三kmのトンネルを捨て、新たな五kmのトンネルにルートを変更しました。新しい青崩峠トンネルは思いのほか湧水が少なく、五年間で貫通の見込みで、調査が活かされた好例です(5)。一方、南アルプストンネルは、飛騨トンネルの開通以来一五年の準備期間を経た今にして、徒手空拳で難工事に立ち向かう姿は痛々しさすら覚えます。

4　安全神話が崩壊した大深度地下のシールドトンネル

リニアの首都圏と中京圏の約五〇㎞のトンネルは、大深度地下の公共的使用に関する特別措置法（以下大深度法）に拠って、土地所有者や居住者への承諾も、補償もないまま工事が進められています。大深度（四〇m以深の固い地下地盤）は「地上に影響を与えず、安全に工事ができる」という考え方が、立法の根拠の一つとして説明されてきました。権利と安全の問題を疑問として各地で訴訟が展開されているさなか、二〇二〇年一〇月に調布市において東京外環自動車道（以下外環道）の大深度（四七m）地下のシールドトンネル工事で地表陥没事故が起こりました。事故の重大さゆえ外環道全体の工事が中断され、事故を起こした区間の工事については、裁判所が工事差止めの判断を下しています。事業者が〝特殊な地盤〟で起こった事故の再発防止対策を示さないからです。事故から二年半も経過しても、現場では地盤の修復工事すら行われていません。皮肉なことに大深度法の適用を受けるため、わざわざ調査も施工も補修工事も難しい大深度に設計されたことが裏目になりました。なお、ここでは権利と財産を奪う大深度法の問題点について詳述はしませんが、外環道訴訟の武内弁護士の論文が大変参考になります(6)。

(1) 外環道の陥没事故は他山の石

リニア品川・相模原間の地質は、外環道と同じ上総層群という堆積地盤にあり、トンネル工事もまた同じ泥土圧式シールドが使われます。外環事故の真因究明は、リニアでの事故防止にとって、極めて大きな手掛かりとなります。同じような地質が現われるかどうかが一つの重要な鍵です。一方、JR東海は住民にたいして「外環道とは地質が違う、リニアには特殊な地盤は無い(から大丈夫)」と、一般論の説明を繰り返すだけです。

外環道の事故は上総層という砂・シルト・粘土の堆積地盤で発生しています。日本全土の多くの都市の基盤は堆積地盤上にあり、上総層群に限っても関東南部に広く存在しているごく普通の地盤です。重要なことは、調布市の陥没現場に類似した地質地点での地下工事事故が、最近の新横浜付近の鉄道工事をはじめ、川崎、横浜、千葉と至るところで報告が上がっていることです。リニアの大深度地下トンネル計画区域である品川〜相模原間三〇㎞はちょうど上総層群に重なっています。

参考として外環道事故に関する「有識者」委員会の報告の一部を**表2**(七九頁)に示します。報

表２　外環道路有識者委員会　第７回報告【部分】（注(7)）

４. 地盤特性のまとめ⇒【下線およびハッチ（定性的表現部分）は筆者加筆）】 事前調査の結果から、陥没・空洞箇所周辺は次の全てに該当する、 東京外環全線の中で特殊な地盤条件であることをあらためて確認した。 ・掘削断面は、細粒分が少なく、均等係数が小さいため、自立性が乏しく、礫が卓越して介在することから、シールドトンネル施工における掘削土の塑性流動性の確保に留意すべき地盤であること。 ・掘削断面上部は単一の砂層である流動化しやすい層が地表面近くまで連続している地盤であること。（中略） なお、現認究明のため実施したボーリング調査の結果は、上記（略）の事前調査結果と概ね一致しており、工事着手前に行われる地盤状況把握のための事前調査が適切に行われていたことが確認された。

告の地盤特性に関するまとめは、定量的な数値を一切示さず、技術者が評価したとは思えない、抽象的な評価に終わっています。これではリニアで完璧な地質調査が行われていたとしても、比較できる数値が無いのですから「特殊」も「安全」も、ともに主張する根拠にはなりません。それどころか、外環道では事故後の現場で調査は、空洞の探査ボーリングだけで、地質試料の採取による物性、強度、透水性などの試験は一切行われていないので（信じ難いことなのですが）、事前調査との「概ね一致」は空文にすぎません。なお、詳細は省きますが、有識者委員会の報告6では、陥没・空洞形成の「推定メカニズム」を「想定」して、再発防止対策としています(8)。ＪＲ東海の技術者は、こんなオタメゴカシの報告書を見過さず、自ら納得行く調査を実施し、結果を公表すべきです。

(2)　泥《でい》土《ど》圧《あつ》シールドの問題点

調査掘削が始まったばかりの二〇二二年七月、リニア北品

図5　泥土圧シールド

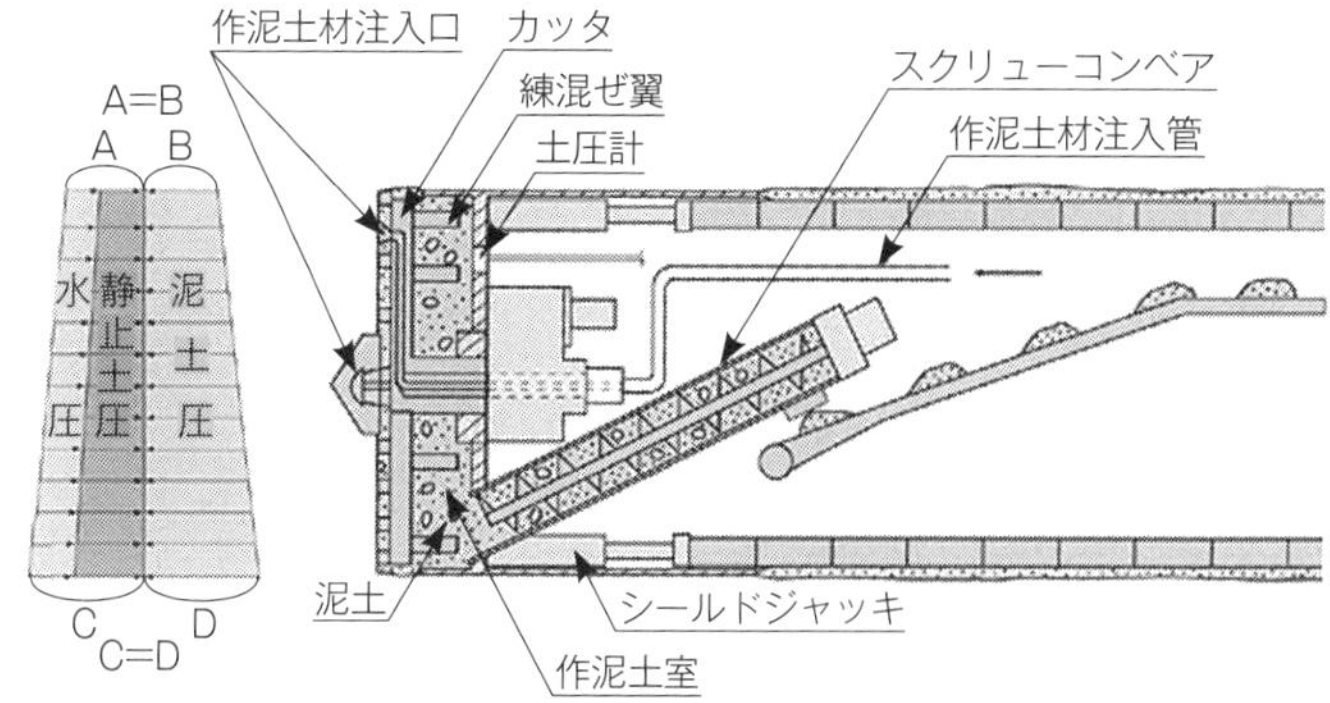

川非常口でシールドが推進不能に陥りました。外環道の事故を起こしたものと同じ泥土圧シールドです。ここで泥土圧シールドについて説明し、問題点とトラブルの原因を推量します。

泥土圧シールドの施工：シールドマシンのカッターのすぐ後ろにチャンバーという部屋を設け、そこに取り込んだ土砂に切羽の土・水圧と等しい圧力をかけて、バランスを保ちながら掘進するのが泥土圧式シールドです（**図5**、七九頁）。チャンバーに取り込んだ掘削土に添加材（加泥材）を加えて、掘った土を塑性流動化（生コンのような状態）させて、スクリューコンベアで排出します。なお、気泡シールドは、塑性《そせい》流動化を援けるために起泡剤を加えるだけで、泥土圧シールドの一変形工法です。

泥土圧シールドの施工管理の要点と問題はつぎのとおりです。

①チャンバー内全体を常に生コンのような柔らかさに保た

なければなりません。
②シールド内・外圧力は、面盤の押し込み量と均衡が保たれるため、正確で迅速な排土量の管理が欠かせません。
③大きい礫をカッターやコンベアに詰まらせないような配慮が必要です。礫を砕く際に発生する震動対策も必要です。施工管理に必要な地山の特性も考慮しなければなりません。
④流動化し易い【塑性流動化ではない！】地山の存在が疑われます。流動性の高い細砂が、分離して先に流出すれば、チャンバー内に残された砂礫の比率が増え、掘削土の塑性流動性は低下します。
⑤最近、気泡シールドを用いた工事において、切羽前方から漏出する気泡が地山の流動化を引き起こしたと考えられるような地上噴出事故が、北海道新幹線工事でありました。

泥土圧式シールドの事故：外環道の陥没事故の原因について推察しました。

事故は上記①〜⑤の全てが該当する複合的な事故と思われますが、主因は間違いなく地山の性状にありました。筆者がとくに注目するのは④です。事前調査において流動化し易い砂の存在が認められていました。にもかかわらず、NEXCO東日本は現場の地盤、地調の査試験を実施（公表）をしていないので、実態が明らかになるまでは、これは筆者の一つの仮説にすぎません。これまでの地下工事事故の分析をふまえて、土木学会示方書には、一九九六年版以降、流動化し易い地盤の留意事項と、地質判別の具体的な数値（定数）が参考値として示されています。ただし、**写真5**（七二頁）に示したような噴出事故を起こす地山の性状を特定するための詳細な情報は、まだ研究途上にあります。

(3) 技術の限界か——大深度大断面シールド

リニアのシールド工事では、これまで初歩的な施工管理の問題で事故を重ねていますが、二二年七月以来、掘進が停滞している北品川のトラブルは、大深度大断面シールドの技術開発の限界を示しているものかもしれません。

技術者は世界あるいは日本で初めて、というフレーズを好みます。筆者もシールド技術の初挑戦を評価しないものではありません。ただ、力任せに大きさを競えばよいというものではなく、環境条件を熟知のうえ、到達した技術要素の限界を乗り越えるのが技術開発です。シールドの巨大化は、パワーの拡大だけではできません。推進断面が大きくなることで（スケールデメリット）、天端と底面の圧力差、掘削面に顕れる地質相の変化が複雑多岐となり、従来の管理基準の見直しも必要です。外環道の失敗の理由は、この辺に求めるべきでしょう。

北品川のシールド掘進停止から半年後になってＪＲ東海は、塑性流動化材を注入する装置の故障が原因だったと公表しました。リニアの直径一四ｍ、深さ六八ｍのシールドは、国内最大級のケースに当たり、シールド最深部の土被りは九五mになります。推進面の面積、胴体と地山の摩擦力から決まる推進ジャッキに必要な総推進力は、外環道シールドの上を行くものとなるでしょう。ジャッキの推進力がすでに機械的な限度を超えたかもしれません。シールド機周回りの余掘《よぼり》〈シールドと地山の摩擦を切るために必要〉部分に砂が流れ込み、大きな摩擦力で締め付けられる〈胴締め〉が発生した可能性も疑われます。いずれにしても、日本最大の試みでは何が起こったのか、正確なところを私たちは知ることができません。

(4) 事故防止に必要な想像力——欠かせない経験の継承

安全は危険の予知から始まりますが、最近相次ぐトンネル事故の報道に、技術力の低下と経験の引き継ぎ不足を案じています。山岳工法においては、常に地山と向き合う現場技術者は、困難な地質に出逢うたびに「どうしたら掘らせてもらえるか」地山と折り合いを付けながら対処してきましたが、それでも熟練者の退職、分業化と下請けへの丸投げが問題化しています。一方、地山と隔絶された操作室で地山に接することなく、モニターとボタン一つで掘削が遂行されるシールド工事では、経験の継承はさらに困難です。外環道の事故は、測量の誤り、設計の齟齬を見抜けなかった初歩的な施工管理ミスはいうに及ばずですが、地山の変化への対応ができなかったことが問題の根底にあったと思います。経験したことのない大深度、超大断面の施工に際して、

「不測の事態」を想像する力が欠けていました。総合的な判断に立てる真の管理者がいなくなったことも一因です。確かにトンネル熟達者の減少は深刻なものと言われていますが、初歩的な失態や反復される事故の責任を業者に押付け、調査や問題点の究明を避けるようでは、さらなる重大事故を予知し、適切な対策を講ずることはできません。

リニアの未知の難工事はまだ緒に就いたばかりです。全ての工事関係者が、過去および近隣の難工事の実態を真摯に学び、また、得られた地質や施工状況を公開し、万全の態勢をもって工事の遂行が果たせるかどうか、今後の進展を見守ってゆきたいと思います。

出典・参考文献

〔図表等出典〕

図1　NATMの標準支保工　NATM（kajima.co.jp）

写真1　NATMの掘削作業　トンネル建設工事の切羽付近における作業環境等の改善のための技術的事項に関する検討会（平成28年度）厚労省

図2　シールド工法　工法説明〜シールド工法ってなに？　名古屋市上下水道局

写真2　リニア第一首都圏トンネル（北品川工区）に使われるシールドマシン　IHIニュース　二〇二〇年三月

写真3(a)　三mにおよぶ折爪トンネルの押出し　筆者提供

写真3(b)　山はね　関越自動車道「関越トンネル」／公益社団法人 土木学会関東支部新潟会
写真4(a)　断層破砕帯の大湧水　神戸市教育委員会：「六甲の断層を探る」
写真4(b)　安房トンネル　毎秒三㎥の集中湧水　筆者提供
写真5(a)　石井正之　流動性地山とは（地質と土木を繋ぐの〝貯蔵庫〟より）
写真5(b)　シールドトンネル内に噴出した土砂　大阪広域水道事業団
図3　日本列島の骨組みを組み替えた大断層、大鹿村中央構造線博物館
図4　百万年前から始まっている隆起、大鹿村中央構造線博物館
表2　第7回　東京外環トンネル施工等検討委員会　有識者委員会　報告書（4．地盤の特性）
図5　泥土圧式シールド、工法概要、シールド工法技術協会

〔参考文献〕

（1）松下敏郎「高熱帯と高水圧帯を克服して調査坑が貫通」『トンネルと地下』23(3)、七〜一四頁（一九九二年）
（2）森山守他「土かぶり1000m6MPaを超える高圧湧水下で貫通」『トンネルと地下』38(2)、七〜二四頁（二〇〇七年）
（3）鐵道省熱海建設事務所『丹那トンネルの話（復刻版）』、丹那トンネルの話復刻する会、（一九九五年）
（4）『上越新幹線工事誌（大宮・水上間）』日本鉄道建設公団東京新幹線建設局、一九八三年一〇月、七一二〜七一三頁、小野上北斜坑

（5）馬場元樹「中央構造線に沿った複雑な地山を三次元情報化施工で突破」『トンネルと地下』51（10）、三一〜四〇頁（二〇二〇年）
（6）武内更一「大深度法―その経緯と問題点」月刊『住民と自治』二〇二一年六月、自治体問題研究所
（7）「東京外環トンネル施工等検討委員会　有識者委員会」第七回（二〇二一年三月一九日）報告より4．地盤の特性【編集】、NEXCO東日本（e-nexco.co.jp）
（8）同上委員会報告より、6．陥没・空洞の推定メカニズム

5章

リニア二〇二七年開業が遅れるのは静岡県のせいではない

樫田　秀樹

1　静岡バッシングが始まった

インターネットのSNSでは静岡県と川勝平太静岡県知事へのバッシングが止まりません。

「静岡県がごねるからリニア中央新幹線（以下、リニア）が二〇二七年に完成しない」「静岡はJR東海に無理難題をつきつけて工事をさせようとしない」「川勝知事はJR東海の邪魔をするのが目的だ」等々。

このバッシングは長い。そろそろ三年になります。

これらバッシングの基となる情報のほとんどがフェイクニュース、もしくは肝心の部分を伝えないマスコミ報道で占められています。裏返せば、マスコミがリニア問題をほとんど報道していないことも意味しているのです。つまり、静岡県以外でこそ大幅にリニア工事が遅れていることを伝えていないということです。

ことの発端は二〇一三年九月一八日。品川・名古屋間のリニア開業を二〇二七年と計画するリニア計画の事業主体であるＪＲ東海が、品川から名古屋に至る二八六キロの区間で実施した環境アセスメントの結果である「環境影響評価準備書」（以下、準備書）を公開しました。それを見た県の関係者は一様に驚きます。県北部の南アルプスでのトンネル工事で、大井川の流量が毎秒二トン減るとの予測が明記されたからです。これは大井川を水源とする中下流域の八市二町（島田、焼津、掛川、藤枝、袋井、御前崎、菊川、牧之原、吉田、川根本）の六二万人の水利権量にほぼ匹敵する量です。

二〇一四年三月。川勝平太知事は、「トンネル湧水の全量戻し」を求め、かつ「環境監視体制を整備する。ＪＲ東海も参画を」との準備書への知事意見を出しました。これにＪＲ東海が合意したことで、四月二一日にＪＲ東海、県、学識者（発足時一六人）らが協議を重ねる「静岡県環境保全連絡会議」（以下、連絡会議）が発足します。

静岡県はリニア計画には推進の立場です。ただ県は、工事をするためには県の水源である大井川の水環境（水量、水質、生態系など）を守るべきだと訴えているだけなのです。だが、九年経っ

2022年9月7日。ＪＲ東海の職員（左）の案内でリニア神奈川県駅を視察する川勝平太静岡県知事。職員は駅の工事について「順調です」と説明したが、一部工区の遅れについては説明しなかった。

た今も、県が納得できるだけの「全量戻し」の方法をＪＲ東海が提示しないので、県は県内での本線着工を未だに許可しないのです。

二〇二〇年六月二六日。この状況にしびれを切らした金子慎ＪＲ東海社長（当時）は川勝知事と県庁で直談判に臨み、「六月中に着工許可を。それで二〇二七年開業に間に合う」と訴えました。

しかし、川勝知事は着工に同意しませんでした。その結果、金子社長は「二〇二七年開業が難しくなった」と表明し、マスコミ各社は「リニア二〇二七年開業延期へ」と報じました。

そして、冒頭の静岡バッシングがこの時から始まるのです。

2　他県でこそ工事は遅れている

私はこの横並び報道に違和感を覚えました。

主な理由は、会談で川勝知事は金子社長に「なぜ静岡だけが二〇二七年開業の足を引っ張っていると言われるのか。長野県大鹿村の除山《のぞきやま》の斜坑工事は一年遅れ。岐阜県では斜坑（山口非常口）のトンネルが崩壊し、名古屋市の立坑（名城非常口）は水没して工事が一年止まった。他県での工事の遅れが二〇二七年開業を難しくしている」と、各地での工事の遅れについて具体例を交え訴えたのに、この言葉を拾い上げた報道が皆無であったからです。

私はちょうどそのころ、リニアが走る一都六県（東京、神奈川、山梨、静岡、長野、岐阜、愛知）におけるリニア工事の遅れについて、リニア計画沿線の市民団体から、そして、JR東海が公表した資料から情報を集めているところでした。そのきっかけは、まさしく川勝知事も触れた、名城非常口が二〇一八年一一月から地下水の浸出で水没し工事が約一年間も中断したことです。そして数十件にも及ぶ情報から断言できるのは、まさしく他県での工事の遅れこそが二〇二七年開業を難しく、いや不可能にしていることです。**別表**に各都県での工事の遅れの代表例を載せましたが、その数例だけでも、全線で工事が遅れる原因は、住民運動、マシントラブル、事故、難工事

	工区	工程説明の根拠	概要
東京都	第一首都圏トンネル	中央新幹線第一首都圏トンネル新設(北品川工区)シールド掘進工事説明会（調査掘進等） 二〇二一年八月二七日	二〇二一年一〇月一四日。品川区の北品川非常口（立坑）の地下八三メートルから発進したシールドマシン（掘削機）は五〇メートル掘進しただけで止まった。掘進再開は二〇二三年三月予定。工事は少なくとも一年半遅れた。
神奈川県	大岩下非常口	工事説明会（二〇二二年六月二五、二六日）	二〇一八年一〇月一七日に工事契約するも、一部地権者が反対。二〇二〇年六月二六日時点で「地質調査中」。二〇二三年三月時点で未着工。土砂流出防備保安林・解除の手続きが終わっていない。二〇二二年の工事説明会では、工期は本線トンネル工事も含め、二〇一八年一〇月一八日~二〇二六年六月三〇日の約八年間。二〇二三年三月時点で未着工なので四年五カ月の遅れ。
山梨県	南アルプス市N地区	環境影響評価書資料編「工事計画」（二〇一四年八月）	南アルプス市の計画沿線の間近に住む八人の住民が測量に応じず、加えて、リニア工事差し止めを求めて提訴したため、市内の約五キロ区間で工期七年の工事が未着工。二〇二三年着工でも三〇年完成。三年の遅れ。
長野県	坂島工区	工事説明会（二〇一七年三月三一日~四月）。中央新幹線伊那山地トンネル新設（坂島工区）工事における環境保全について（二〇一七年五月）	豊丘村の坂島非常口（斜坑）は、二〇一八年一月に開始予定の掘削が始まったのは二〇二一年七月。この時点で三年半の遅れ。さらに、二〇二一年一一月から二〇二二年四月までに、作業員が指の骨折を含む重軽傷を負う事故が三回続き、そのたびに工事は中断し、二〇二二年六月八日に再開。工事はさらに遅れた。
岐阜県	瀬戸非常口	一八年一二月。中央新幹線瀬戸トンネル新設工事に	中津川市の瀬戸非常口（斜坑）では掘削前の作業ヤードの路盤整備中に巨岩が出現し、二〇二〇年一月頃から開始予定の斜坑掘削は二〇二一年

		おける環境保全について	六月にずれこむ。さらに、二〇二一年一〇月二八日、斜坑で崩落死傷事故が発生し工事は中断。二二年五月一三日に工事再開。約二年遅れている。
愛知県	坂下非常口	一七年三月。中央新幹線坂下非常口新設工事における環境保全について	非常口は二〇二〇年一〇月に完成したが、トンネル掘削は二〇二二年七月。この時点で約三年の遅れ。掘削開始直後にシールドマシンの刃が損傷し工事が中断。二二年秋か冬の再開予定だったが、二〇二三年三月時点でも再開していない。三年半以上の遅れ。

と多岐にわたることがわかります。

さらに注目されるべきは、二〇一四年一〇月の事業認可から八年以上も経つのに、工事の遅れ以前に工事未契約の工区が複数あることです。リニア神奈川県駅（相模原市）に四つある工区のひとつ「非開削区」は、JR横浜線・相模線と自動車用半地下トンネルとが直角に交差する地点のさらに地下をトンネル掘削するという難工区です。

ところが、工期が一〇年でありながら、工事未契約なのです。二〇二三年着工でも竣工は二〇三三年。さらに、電気調整試験やリニア走行試験に二年ほどかければ、開通は二〇三五年。すなわち八年遅れとなる計算です。

さらに山梨県でも、リニア山梨県駅は工期九年とされながらも工事未契約です。岐阜県では、三本のリニア・トンネルが掘削予定で工期が一〇年から一一年なのに、いずれも工事未契約です。

この数例だけ見ても二〇二七年開業はありえません。だが、私が二〇二〇年八月二五日、宇野護ＪＲ東海副社長に「工事未契約工区が複数ある。二〇二七年開業は無理では」と質問しても、回答は「どの工区も二〇二七年に間に合にあう。それを難しくしているのは静岡県だ」と、工事の遅れを静岡県にかぶせるものでした。

3　二〇二七年開業という幻想

ここで動いたのが川勝知事です。

二〇二二年九月七日、川勝知事は神奈川県のリニア工事現場を複数視察しました。川勝知事はＪＲ東海の案内を受け、建設中のリニア神奈川県駅を視察。社員は川勝知事に「建設は順調に進んでいる」と説明しましたが、前述のように駅工区の一部は工事未契約です。私は記者会見の場で「リニア駅の工事未契約の工区についての説明は受けたのか」と質問しましたが、川勝知事は「受けていません」と回答。ＪＲ東海は工事が進んでいる現場しか知事に見せなかったのです。

この記者会見で私たち記者が初めて知ったのは、川勝知事を乗せた静岡県の車列は、リニア神奈川県駅に立ち寄る前にＪＲ東海の案内を受けることなく、リニア車両基地（相模原市）の建設予定地に立ち寄ったことでした。そこで川勝知事は、車両基地が工期一一年でありながら、未着工、かつ工事未契約であることを確認し、記者会見で、「二〇二三年着工でも車両基地の完成は二〇三四年。七年遅れだ。神奈川の工事が最も遅れている」と表明したのです。

二日後の九月九日、神奈川県県土整備局都市部交通企画課（以下、交通企画課）は川勝発言への反論として、黒岩祐治神奈川県知事のコメントを公表しました（概要）。

「金子慎JR東海社長は『静岡県の工事に着手できておらず、二〇二七年開業が難しい』とする一方で『車両基地は、用地取得した箇所から工事をすすめ、二〇二七年までの整備を目指す』としており、開業スケジュールに影響を及ぼさない」

このようなコメントは他県も同様です。知事たちは静岡県に以下のような苦言を呈しています。

「二〇二七年開業が難しくなったことは大変残念だ」（黒岩祐治神奈川県知事）

「静岡県にリニア受け入れを求める」（長崎幸太郎山梨県知事）

「中部経済圏にとって大変残念な状況になる」（大村秀章愛知県知事）

知事たちは自分の足元での工事の遅れを知らないのでしょうか。

私は、神奈川県交通企画課に「リニア駅の一部工区と車両基地は工事未契約。二〇二七年開業に遅れるとのご認識は？」と尋ねました。回答は「ＪＲ東海からは二〇二七年開業に向けて工事を行っていると聞いている」と自ら情報を取っていない姿勢を露わにしただけでした。同じく、山梨県リニア未来創造・推進課も同じ質問に、「遅れる認識はない。ＪＲ東海から具体的説明を受けていないので」と、やはり自ら調査していないことを認める回答を示したにすぎませんでした。

そして川勝知事に遅れること一カ月後の一〇月一日、黒岩知事はようやくリニア神奈川県駅を金子社長とともに視察。そして金子社長との共同会見で「二〇二七年開業を確認した」と発言し、金子社長も「神奈川県のせいで工事が遅れているとは思っていない」と強調したのです。

そもそも、建設業界での工事の遅れは珍しいことではありません。だが、ＪＲ東海が頑なにその原因を静岡だけにかぶせることに、静岡県の市民団体は「ＳＮＳでのバッシングと合わせ、静岡にプレッシャーを与えての着工許可を得るためではないのか」と推測しています。

リニア開業が、全都県での工事の遅れにより二〇二七年に間に合わないのは少し調べればわかることです。ここで私が確信するのは、リニア計画沿線上の知事たちは調査もせず、ただ「二〇二七年開業」という幻想を抱いているということでした。川勝知事もまさにその思いを有していたのです。

リニアが通過する予定の都府県は、リニア計画の広報や政府への要望活動を行う「リニア中央新幹線建設促進期成同盟会」（一九七九年発足）に加盟しています。静岡県は水問題の未解決もあり長らく加盟していませんでしたが、二〇二一年七月に加盟。上記記者会見で川勝知事はこう訴えました。

「私は期成同盟会に加盟した直後に会合に出席したが、リニア計画沿線の知事たちの誰もが（工事の遅れという）『不都合な真実』を疑うことなく、『二〇二七年開業という幻想』を抱くことに違和感を覚えた。私は今回の視察を、こういう現実を期成同盟会の中で共有するための『突破口』になればと考えている」

この動向は注目したいと思います。

4　間に合わないはずの工事が間に合うことになっている

現時点では、各都県が工事の遅れを認識したとの情報は入ってきません。それどころか、各都県では、二〇二七年に照準を合わせ、特にリニア駅予定地の周辺では再開発が進み、多くの

2019年。リニアルートの間近に住む山梨県南アルプス市の住民が工事差し止めを求め甲府地裁に民事訴訟を提起した。

人たちが立ち退かされています。前述のとおり、たとえば、リニア神奈川県駅の一部工区では二〇二三年三月時点で工事の遅れが八年と推計でき、このまま施工業者が決まらなければ二〇二七年開業は一〇年、一五年と遅れる可能性もあるのですが、そうであれば、今急いで再開発や立ち退きをする必要はまったくないのです。

だが不可解なのは、JR東海が、二〇二七年に間に合わないはずの工程の一部を間に合うような工程に変えていることです。

たとえば、「リニア岐阜県駅」は、二〇一四年の環境影響評価書では工期が一〇年でしたが、二〇二一年七月の「環境保全の計画」では駅東部の工期が約五年になり、二〇二四年度には完成予定となっています（駅西部については二〇二三年三月時点で「環境保全の計画」が出ていません)。

長野県南木曽町の広瀬非常口(斜坑)も、二〇一四年の「環境影響評価書」では、非常口と本線トンネルを合わせた工期が一〇年だったのが、二〇二〇年七月の工事説明会での工事工程表では七年間に短縮され、二〇二五年度には完成予定になっています。

いったいどういう工事をすれば二〇二七年に間に合うようになるかは知りたいところですが、その可否はいずれ誰の目にも明らかになります。そのときには、JR東海はもう「静岡のせいで」とは言えなくなるはずです。

6章 工事中止と事業見直し求める市民、住民運動の拡大

天野 捷一

1 市民、住民の声を気にしないＪＲ東海

ＪＲ東海でリニア実現への舵を切った葛西敬之名誉会長は何冊もの著書(注)を著していますが、そのほとんどの記述が政界への介入とそれが功を奏したという内容ばかりです。リニアの工事や供用によって自然への影響や国民の利便性の低下、住民生活への影響について気配りするようなものは記されていないし、行間にも住民を思いやる心情は全く感じられません。

ＪＲ東海の山田佳臣社長（当時）は二〇一三年九月の記者会見で、『リニアはペイしない』と発言して世間を驚かせました。また同時に、「リニアに反対する住民運動はない」と記者に語って

います。葛西氏をはじめJR東海の幹部は当初から反対の声を聞く必要はないと考えていたのでしょう。

二〇一〇年当時、リニアの実現を答申した国土交通省交通政策委員会鉄道部会中央新幹線小委員会の審議の中で、ある委員は、「東海道新幹線の収益でリニアをつくるのだから、その利用者の声を聞くべきだ」と提言しましたが、この意見は無視されました。東京から大阪までほとんどの人たちは東海道新幹線の利用者であり、それなのに利用者の声すら聞かないという推進寄り委員の偏向した姿勢と、利用者を無視するJR東海の思い上がった経営姿勢には驚かされました。

後日、私は中央新幹線小委員会の座長であった家田仁氏の講演を聞きに行きましたが、「東海道新幹線建設時に反対運動はあったたが、実現したら反対派も利用したではないか」と語っています。リニアもそうなると考えていたのでしょう。JR東海も、批判されるような報道取材には応じません。住民の直接面会の際も人数は三人までで、報道陣の同行は認めません。説明会でも一方的な縛りをかけています。質問は一人三問まで、再質問は認めない、そして報道陣の説明会取材は拒否。更に録画はだめ。しかし、事実を記録するためJR東海は録画をしています。

このようにJR東海は取材・発言制限を押し付け、住民、市民の疑問や不安にまともに対応していません。このような規制の押し付けを長年経験してくると、JR東海が利用者に誠意を持っている一流企業であると認めることは出来ないのです。

リニア新幹線に対する住民、市民の反対の活動が事実として存在し、この十年余りで大きく広がってきました。リニアをめぐる動きと関連した活動の経緯を振り返ってみます。

【リニアをめぐる動きと沿線の市民、住民運動の経緯】

一九八九年　リニア山梨実験線の建設決定、リニア・市民ネット東京結成。
一九九二年　甲府市でリニア反対デモ。
一九九七年　一八・四キロの山梨実験線完成、有人走行試験開始。
二〇〇一年　大深度地下の公共的使用に関する特別措置法施行。
二〇〇五年　国交省の超電導磁気浮上鉄道実用化技術評価委が実用化段階と判定。
二〇〇六年　ドイツのリニア（トランスピッド）実験線で事故、二三人死亡。
二〇〇七年　JR東海が自費による中央新幹線建設計画を発表。
二〇〇八年　山梨実験線延伸工事（四二・八キロに）開始。
二〇〇九年　リニア・市民ネット山梨結成。
二〇一〇年　国交省の交通政策審中央新幹線小委員会がリニア実用化の審議開始。（市民意見書が八八九筆、リニア反対意見は六四八筆に）

二〇一一年　長野県で飯田リニアを考える会発足。
岐阜県で東濃リニアを考える会発足。
東日本大震災、福島第一原発水素爆発。
中央新幹線小委員会が「リニア方式による実用化」を答申。
国交大臣がリニアの建設・営業主体にJR東海を指名。
長野県大鹿村でNOリニア連絡会発足。

二〇一二年　リニア新幹線を考える東京・神奈川連絡会発足。
リニア反対の運動団体が甲府市で初の交流会。
東京・神奈川連絡会が品川駅でJR東海社員向けチラシ配布。

二〇一三年　リニア凍結求める一万九一三〇通の署名を国交大臣に提出。
沿線六団体がリニア新幹線沿線住民ネットワーク結成（写真1）。
沿線ネットが山梨県都留市で試験走行再開に反対行動（写真2）。
南アルプス地域がユネスコエコパークに登録。
国交大臣がリニア工事実施計画（その1）認可。
工事認可取消しを求め五〇四八名が異議申し立て（写真3）。

二〇一五年　山梨県中央市のリニアルートで立ち木トラスト実施。

二〇一六年

著名人二五人がリニア工事反対の共同声明。

七三八人が工事実施計画の取消しを求め東京地裁に提訴。（写真4、一〇六頁）

安倍首相がJR東海へ三兆円の財政投融資表明。

山梨県早川町で南アルプストンネル起工式。

写真1　リニア沿線住民ネット結成集会

写真2　山梨実験線走行再開抗議活動

写真3　工事認可で異議申し立て

二〇一七年

ＪＲ東海に三兆円の財政投融資実施。

東京外環道大深度トンネル工事着工。

登山者の会が三〇一二筆のリニア工事中止署名集約。

リニア工事をめぐる談合容疑でゼネコン家宅捜索。

東京地検に談合捜査の徹底を要請する要請はがき三〇〇〇枚。

二〇一八年

東京外環道周辺住民が大深度地下使用認可取消しの確認提訴。

山梨県が漫画冊子「リニアで変わる山梨の姿」配布（後に山梨県民が制作・配布費用一二〇〇万円の返却求め提訴）。

国交大臣がリニア工事実施計画（その2）認可。

四八六人が工事（その2）認可に反対し審査請求書提出。

国交大臣がＪＲ東海に大深度地下使用を認可。

二〇一九年

大深度地下使用認可に対し五七〇人が異議の審査請求。

リニア工事（その2）認可の取り消し求め六七人が東京地裁提訴。

山梨県南アルプス市の市民八人が工事差し止めを求め提訴。

岐阜県の山口工区で斜坑トンネル崩落。

山梨リニア実験線の車両基地で火災発生、三人が重軽傷。

二〇二〇年

東京地裁に工事認可取消しの判決求め二万九〇五七筆の署名。
東京地裁あてに中間判決に対する要請はがき三〇〇〇枚。
甲府市でリニア反対デモ。次いで飯田市でもデモ。
コロナ感染拡大直撃でＪＲ東海が減収減益。損失は二〇〇〇億円。
南アルプス工事で地下水位三〇〇メートル低下の推測明らかに。
静岡県民一〇七人が県内のリニア工事差し止めを求め提訴。
東京地裁が中間判決。五三二人の原告適格認めず。（写真5、一〇六頁）
中間判決の差し戻し求めリニア訴訟の原告一六七人が控訴。

二〇二一年

リニア談合で二人に有罪、ゼネコン二社に二億五〇〇〇万円の罰金の判決。

ＪＲ東海社長、工事費が一兆五〇〇〇万円増えると表明。

田園調布の住民ら二四人がリニア大深度工事中止を求め提訴。

東京の北品川工区と春日井市の坂下西工区でリニア大深度調査掘進開始（北品川では五〇メートル、坂下西では四〇センチ掘って中断）。

岐阜県中津川市のトンネル工事中崩落事故。作業員一人死亡（この後、長野県等の工区で三件のトンネル崩落事故発生）。

二〇二二年

リニア中央新幹線建設促進期成同盟会が静岡県の入会認める。

写真４　工事認可取消求め地裁に提訴

写真５　原告適格奪う不当な中間判決

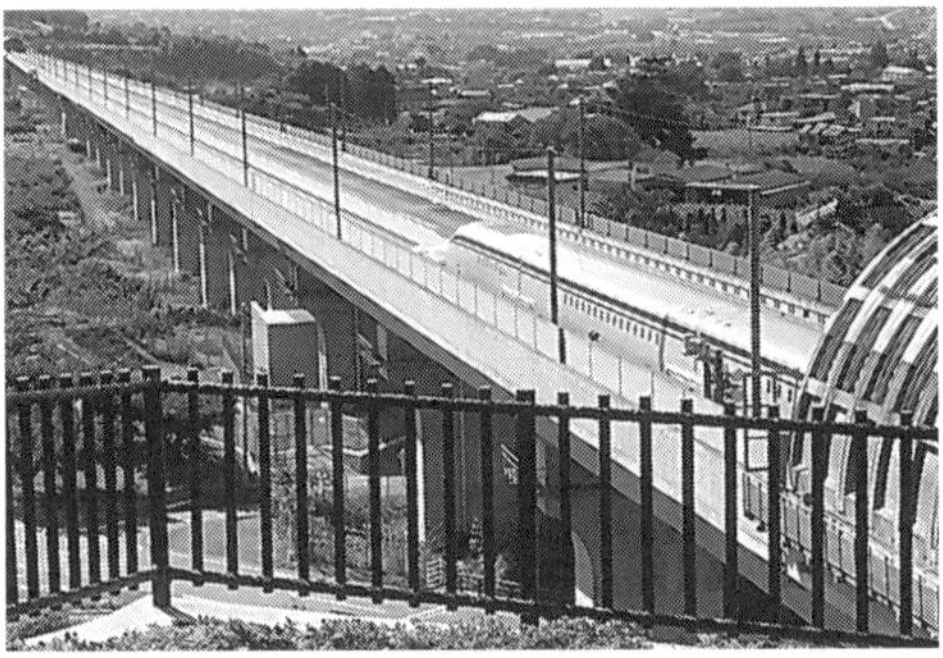

写真６　現地視察の日に走るリニア

『文藝春秋』三月号にリニア推進の座談会特集。葛西敬之氏、森地茂氏、松井孝典氏がリニア実現の座談。

リニア訴訟裁判官が現地協議の形でリニア山梨実験線視察（**写真６**）。

静岡県の川勝知事が神奈川県のリニア工事視察。相模原市の車両基地未着工を見て驚く。

二〇一三年

リニア訴訟最終弁論、判決が七月一八日に決まる。

東京地裁に工事の認可取消しの判決求め要請はがき三〇〇〇枚。

JR東海金子社長が二〇二七年リニア開業はムリと認める。

2　リニア新幹線沿線ネットワーク結成

沿線住民がリニア新幹線計画を知ったのは、二〇一一年夏の中央新幹線環境影響配慮書の説明会でした。

JR東海が自費でリニア新幹線を建設すると表明したのは二〇〇七年のことですが、以来、いやその以前から政府（国土交通省）も国会議員も、リニア推進学者も、そしてゼネコンらが「リニア村」に集まりリニア実現に向けて強力にバックアップしてきました。そして、これだけの相手に対抗するためには沿線の市民団体、住民団体がバラバラでは無理だと考え、二〇一三年二月、リニア・市民ネット東京、リニア新幹線を考える東京・神奈川連絡会、リニア新幹線を考える相模原連絡会、リニア・市民ネット山梨、NOリニア連絡会、飯田リニアを考える会、東濃リニアを考える会が相模原市に集まり、リニア新幹線沿線住民ネットワークを結成しました。会場には収容定員の倍近い四〇〇人近くが集まりました。

共同代表には、山梨実験線建設当時からリニア反対の活動に関わっていた慶應義塾大学教授の川村晃生氏、長野県飯田市の高校教師だった片桐晴夫氏、元JR東海職員であった岐阜県中津川市の原重雄氏、そして川崎市在住の元ラジオ局記者天野捷一氏の四名が選ばれ、事務局長に電磁波問題のスペシャリスト懸樋哲夫氏が就きました。

リニア新幹線を考える静岡県民ネットワーク、南アルプスとリニアを考える市民ネットワーク静岡、リニアを問う愛知市民ネット、春日井リニアを問う会も次々にネットワークに参加し、リニア・市民ネット大阪も加盟しました。

東京、神奈川、山梨、静岡、長野、岐阜、愛知の一都六県に建設されるリニア沿線ではそれぞれに様々な問題点があります。市民、住民団体は個々の問題に対応すると同時に、ネットワークの結成でリニア問題について共通認識を持てるようになったのです。こうしてリニア反対の市民、住民運動は点から線へと広がっていきます。

リニア村という権力を持った人たちに対抗するためには私たちの活動には理論的支柱が必要でした。そして、リニア計画に疑問を持つ専門家が私たちの側についてくれました。中でも橋山禮治郎氏（当時アラバマ大学客員教授）、松島信幸氏（地質学者）、それに阿部修治氏（現武蔵野大学教授）らがネットワーク結成時から果たしてくれた役割は極めて大きいと思います。

橋山氏は経済的効果、環境保全などから公共事業の事業性を明らかにし、リニア新幹線は英仏共同で開発した超音速旅客機コンコルドと同じ失敗例と判断しました。松島氏は五〇年にわたる南アルプスの地質調査を重ね、毎年四ミリの隆起を続ける複雑な褶曲地層にトンネルを掘ることが危険であることを明らかにしました。阿部氏はリニアの超電導浮上方式が安全ではないと指摘し、リニアの消費電力も東海道新幹線にくらべ三～四倍の電力を使うという試算も示しました。

3　高まる工事残土処理に対する反対の声

二〇一一年のリニア事業認可以来、JR東海は環境影響評価（環境アセスメント）を実施しましたが、この調査自体は地域の自然環境の違いや都市部、地方での生活環境の違いを軽視して、わずか二年間の一律的な調査を行い、「工事と供用による環境への影響はほとんどない」という評価をまとめてしまいました。環境影響評価方法書と同準備書について審議した一都六県の環境影響評価審議会でも、JR東海の環境調査と保全措置が具体的に書かれていなかったために、そのあとに出された二五自治体の首長意見書では市民、住民の一万六〇〇〇通の意見書を反映するものではありませんでした。

沿線各地でも、JR東海は工事を進めるための手続きとして三〇〇回近い説明会を実施してきましたが、住民の疑問や不安にこたえるものでも、住民の要望を受け入れるものでもなく、結局は自社の意向や方針を押し付けようとする形式的な説明会を繰り返してきました。その証拠に、非常口工事などについて質疑応答の終了後、「皆様のご理解が得られたと思いますので工事を始めさせていただきます」と表明し、一、二週間以内に工事を始めるという手順で進める、それがＪＲ東海の常套手段になっています。

住民にはリニア工事に反対する多くの理由があります。実際の証拠は、山梨実験線工事による地下水の枯渇、試験走行による騒音・振動、明かり部分（高架橋）による日照被害、景観破壊です。沿線各地にはこれから同様の被害が広がる恐れがあります。更には六〇〇〇万立方メートル近いトンネル工事残土の処分方法も沿線住民にとって大問題になっています。

4　ついに、リニア工事の取り消しを求め提訴を決断

段ボール箱五個分の膨大な量でした。この時点で、沿線ネットワークはリニア工事推進に向けＪＲ東海が品川と名古屋のリニアターミナル駅や大鹿村でのトンネルの建設を急ぐ動きが見えたため、訴訟に踏み切るという方針を固めました。提訴期限は異議申し立てから六カ月以内と決められています。このため、首都圏の弁護士と提訴のための協議を始めました。

山梨県や東京・東大和市などで原告団と沿線ネットワークの主要メンバーが合宿などを行い、弁護団の編成と原告の募集を行いました。弁護団にはリニアルートの一都六県から二八名の弁護士が結集し、原告も七三八人からの応募がありました。原告団長には川村晃生氏、副団長に原重雄氏、事務局長に天野捷一氏（現在は橋本良仁氏）、そして弁護団の共同代表に関島保雄氏（東京）、高木輝雄氏（愛知）、中島嘉尚氏（長野）、事務局長に横山聡氏（東京）が就きました。原告代理人の弁護士の多くがさまざまな住民訴訟にたずさわってきた人たちです。

そして、二〇一六年五月二〇日、私たち七三八人は国交大臣によるリニア工事実施計画の取り消しを求め東京地裁に提訴しました。このストップ・リニア！訴訟はリニア問題を司法の場でも争うという新たなステージに入りましたが、私たちの活動に対する国民やメディアも関心を大きく高めたと考えています。これまで二六回の口頭弁論が行われ、延べ二〇人の原告が工事残土問題や工事による地下水への影響、希少動植物など自然環境への影響、そして都市部でのリニア工事関係車両の走行による大気質の悪化などについて問題点を具体的に証言しました。

新型コロナウイルス拡大時に裁判が延期されたほか、一時的に傍聴制限を半分にするなど予想外の事態もありましたが、すべての期日で傍聴席を満席にしてきました。沿線各地から自費で東京地裁に駆けつけてきた原告やサポーターの努力に感謝しています。そうした熱意が反映した結果だと思いますが、二〇二二年九月には原告側の要請にこたえ裁判官がリニア山梨実験線を現地視察し、実験線の延伸工事による地下水の枯渇や明かり部（高架橋）の（騒音及び）日照被害について、現地の住民から生々しい被害状況を聞き取りました。リニア訴訟は二〇二三年二月に結審し、七月一八日に判決が出される予定です。

リニア訴訟で残念というより悔しいことがありました。古田孝夫前裁判長は二〇二〇年一二月、原告の三分の二に及ぶ五三二人の原告適格を排除する不当な中間判決を下しました。リニアの安全性に疑問を持ち、また南アルプスの自然破壊につながる工事は認めるべきではないとする原告を排除し、結局は原告をリニアルート周辺工事などで影響を受ける二五四人に原告数を絞り込む内容でした。ルート上の地権者や立ち木、土地トラストに参加する原告の権利も無視したひどい判決で、土地収用の段階で争えばいいという勝手な解釈でした。

原告適格を外された人のうち一六七人が東京高裁に控訴しています。初審提訴から七年が経ちますが、リニア工事実施計画の取り消しを求める私たちの活動のゴールはまだ見えていません。

5　リニア反対——点から線へ、そして面へ広がる

ストップ・リニア！訴訟を契機として、リニア工事の中止や首都圏の大深度地下使用認可取り消しを求める裁判が相次いでいます。東京外環道大深度工事認可取消確認訴訟、山梨県南アルプ

ス市のリニア工事差し止め訴訟、静岡県のリニア工事差し止め訴訟、山梨県のまんが冊子『リニアで変わる山梨の姿』経費の返還訴訟、それに東京・田園調布のリニア大深度地下工事差し止め訴訟です。

こうしたグループとは常に交流を、互いの裁判を傍聴するなどして情報共有に努めていますが、最近では北海道新幹線の残土処分や、北陸新幹線の京都・大阪への延伸計画で今後進められる工事残土処分や大深度地下工事に反対して立ち上がった人たちが活動を強めており、今後、そうした市民、住民団体との交流を深める必要があります。

リニア工事は大幅に遅れています。反対の声など無視すればいい、そのように甘く考えていたJR東海の認識が誤っていたのです。リニア実現を目指してきたJR東海の葛西敬之名誉会長は二〇二二年五月に亡くなり、葛西氏とタッグを組み政界でリニア推進を主導してきた安倍晋三元首相も七月に銃撃され死亡しました。財界、政界のリニアの主役二人がほぼ同時に亡くなりました。

沿線各地で停滞するリニア工事、その要因は、①短期間でずさんな環境アセスメントを行ったこと、②国交大臣が徹底的な審査を行わず工事認可を認可したこと、③市民、住民の声にまともに向き合わずにきたこと、④二〇二七年開業に間に合わせようと工事を強行したため事故が続いたこと、などにあります。

これからの日本社会にリニアは必要ありません。経営コストの削減のために住民の足を奪う在来線の廃止や合理化などに走るのではなく、だれもが安全で安価に利用できる鉄道にするための努力を忘れないでほしい。いま、一民間鉄道会社に一〇兆円を超える高速鉄道を任せるのはもはや無理であることが明らかになっています。そのことをJR東海や国が自覚しない限り、沿線住民のリニア反対の活動が弱まることはないのです。

注

『未完の「国鉄改革」巨大組織の崩壊と再生』（二〇〇一年、東洋経済新報社）、『飛躍への挑戦　東海道新幹線から超電導リニアへ』（二〇一七年、ワック）など。

II リニアがこれから直面する困難

1章

南アルプストンネルの危険性

——地質の観点から

松島 信幸

総論

南アルプス国立公園の中核部をなす大井川流域は豊かな森林資源に恵まれた山域です。その山容は北アルプスのような鋭い岩峰や岩壁は少なく、深い森林と渓谷の豊かな山域です。

JR東海によるリニア計画は、富士川から天竜川までの南アルプス北部を貫く計画です（図1、一一九頁）。

リニア計画路線の甲府側出入口は山梨県森林総合研究所芝生広場です。長野県側出入口は下伊那郡豊丘村です。この間に複数の山脈をトンネルで通過します。列車は、富士川からトンネルに入り、大井川を潜って天龍川に至る長さ五〇㎞超の長大トンネルが計画されています。途中の早川谷と小渋川は橋梁を通過します。もっとも、ＪＲ東海は、早川から小渋川まで二二㎞がトンネルと説明しています。伊那山脈の一三㎞を除くと、トンネル計画にとってその地質条件は最悪です。

私は、広い赤石山地を自らの足で歩き、その成り立ちを解明してきました。その知見から、南アルプス山域の特徴を明らかにし、トンネル計画の問題点を指摘します。

南アルプストンネル計画の問題点

1　南アルプスの地質に関するＪＲ東海の誤った見解

静岡県の大井川水問題をめぐるＪＲ東海の説明を見ると、同社の南アルプスの地質に対する認識は次のとおりです。

ＪＲ東海は、環境影響評価書でトンネル工事によって大井川の水量が毎秒二㎥減少するとの予測を示しました。これに対し、静岡県は、大井川の流れを減少させないよう南アルプスを貫くトンネル計画を変更しない限りリニア新幹線計画の実施は認められない、と主張しています。

ＪＲ東海は、二〇一七年二月七日の第七回静岡県中央新幹線環境保全連絡会議において、「大井川左岸の千石非常口から導水路トンネルを掘削して本トンネルを流下する地下水を取り入れ、下

図１　南アルプスを横断するリニア計画線

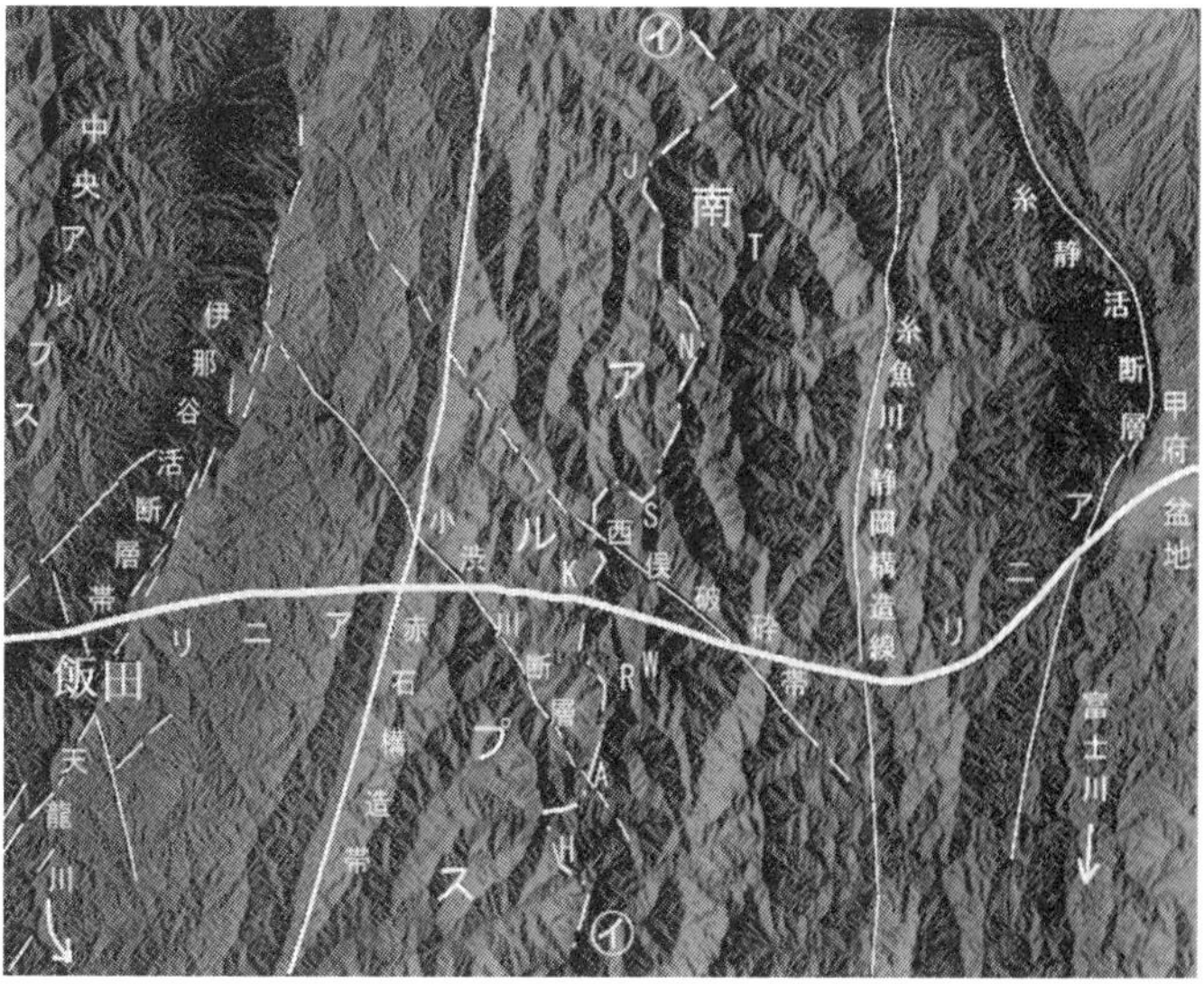

Ａ赤石岳、Ｗ悪沢岳、Ｋ上河内岳、Ｓ塩見岳、Ｎ間ノ岳、Ｔ北岳、Ｊ仙丈ケ岳、Ｒ荒川中岳、Ｈ聖岳、㋑－㋑静岡県・長野県の国境

流の椹島《さわらじま》までトンネルで流下させる」という水減少対策案を提示しました。

同案の説明に関する議事録からは、ＪＲ東海は南アルプスの地質に関し、大きな誤解をしていることがわかります。結論的に言えば、「南アルプストンネルを貫通させれば、山体を保持している高圧の山体内地下水までが永遠に流失してしまい、長年のうちに山体を崩落させかねない」のです。南アルプスは、北アルプス等とは異なり岩石や岩壁で山体が保持されているのではなく、岩石内部に存在する超高圧の山体地下水で山体が保持されています。そこへトンネルを穿てば、高圧のため山体地下水の流出が永久に止まらないからです。

さらに、ＪＲ東海は地震に関する説明を行いましたが、東海地震など南海トラフ関連地震について言及していないだけでなく、日本各地で発生する地震については、トンネル内部には影響がないとしています。トンネルは地中深い所だから深層の崩壊には関係ないといいますが、南海トラフが引き起こした東南海地震を考慮に入れないことは考えられません。

私が旧制中学一年の時（一九四四年）、東南海地震が発生し、学徒動員で名古屋の飛行機工場にいた同じ中学の五年生の五人が、工場倒潰で亡くなりました。名古屋に影響を与えたのみならず、赤石山地では身延山奥之院で斜面が崩壊し、さらに、南アルプスの山岳域では大きな崩壊が各所に発生しました。リニアのトンネル計画地では千枚岳山頂部の崩壊が巨大です。ＪＲ東海が地質について曖昧またはほとんどふれないのは、南アルプスの地質の成り立ちを知らないからだと言わざるを得ません。

2　南アルプスの地質とリニア計画

まず、私が三〇年かけて行った地質調査の結果から解明できた赤石岳周辺の構造図（図2、図3）を掲載するので、参照して下さい。

赤石山地の第一の特徴は、その形作る地層にあります。付加体であり、性質が異なる多様な岩

図２　南アルプスの主稜線を作る最重要な地層〝鍵層〟の重なり方を大井川から見た地形と地質断面図

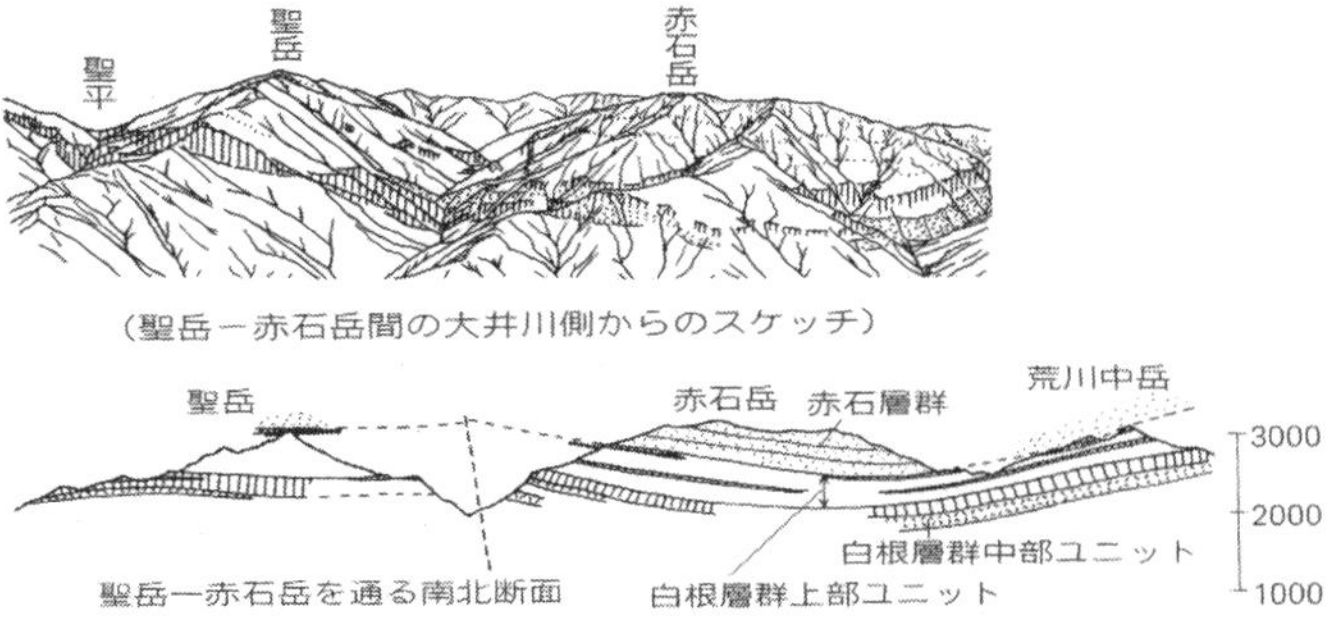

図３　南アルプストンネルの危険性

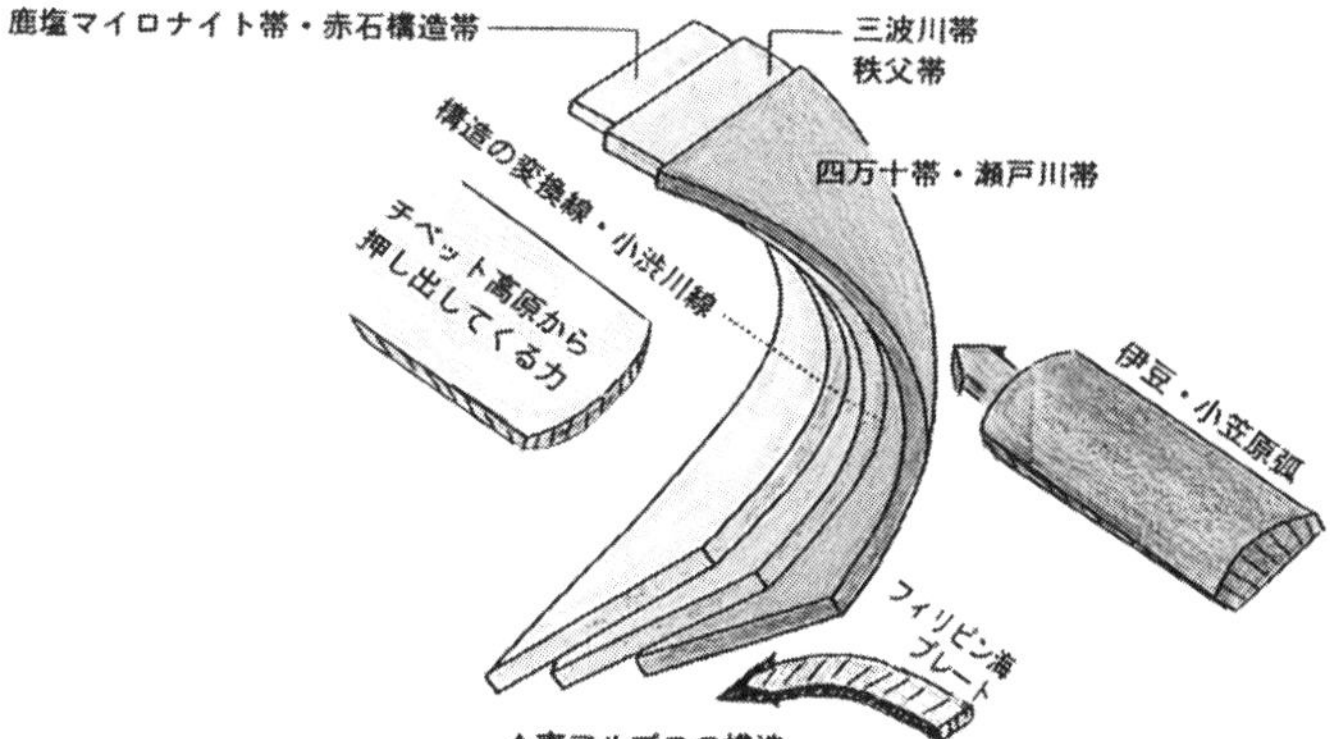

▲南アルプスの構造

赤石山地の北部は、日本列島を東西から押す力を受けて地層全体が逆転している。赤石山地（南アルプス）の地層が折れ曲がり、破壊されている場所に「リニアトンネル」が計画されている。

石から構成されています。多くは深海底に堆積した泥岩ですが、砂岩・チャート・緑色岩（一部に枕状溶岩）・石灰岩・まれに礫岩などが不連続に混在しています。一般には混在岩、またはメランジュといいます。南アルプスのメランジュは南半球の深海底で形成され、プレートテクトニクスによってアジア大陸側へ移動してきたと考えられています。つまり、山体は硬い岩石ではなく、メランジュ帯中に充満している超高圧の山体内地下水で支えられているのです。

第二に、断層破砕帯が多いことです。計画路線には数本の地質境界断層線があり、断層帯が多数あります。糸魚川―静岡線（以下、糸・静線）、赤石山地北部には地質境界線としての中央構造線があります。赤石山地が上昇した時、中央構造線そのものが動いたのではなく、赤石構造帯が動いたのです。構造帯は中央構造線よりやや東側を通過し、断層の傾斜も東傾斜で、遠山から大鹿以北では一見して中央構造線が動いたと一般には誤解されています。

第三に、南アルプスは、新しい地層でできていて、南アルプスを造る三〇〇〇m級の主脈全域は中生代の地質からなっています。また、赤石山地に見られる多くの地質境界断層は、地質の境界部分に歪みが集中して断層破壊を伴った破砕帯が生じています。そして地層には連続性がなく、泥質の地層中に大小さまざまな混在岩を含んでいます。そしてこの三〇〇〇m超の山並みの特徴は山が年四㎜高くなっていくことで、それは二〇一四年に間ノ岳が、わが国第三位（国土地理院）の山になったことでもわかります。

図4　リニア中央新幹線部分の南アルプス－中央アルプス通過計画図

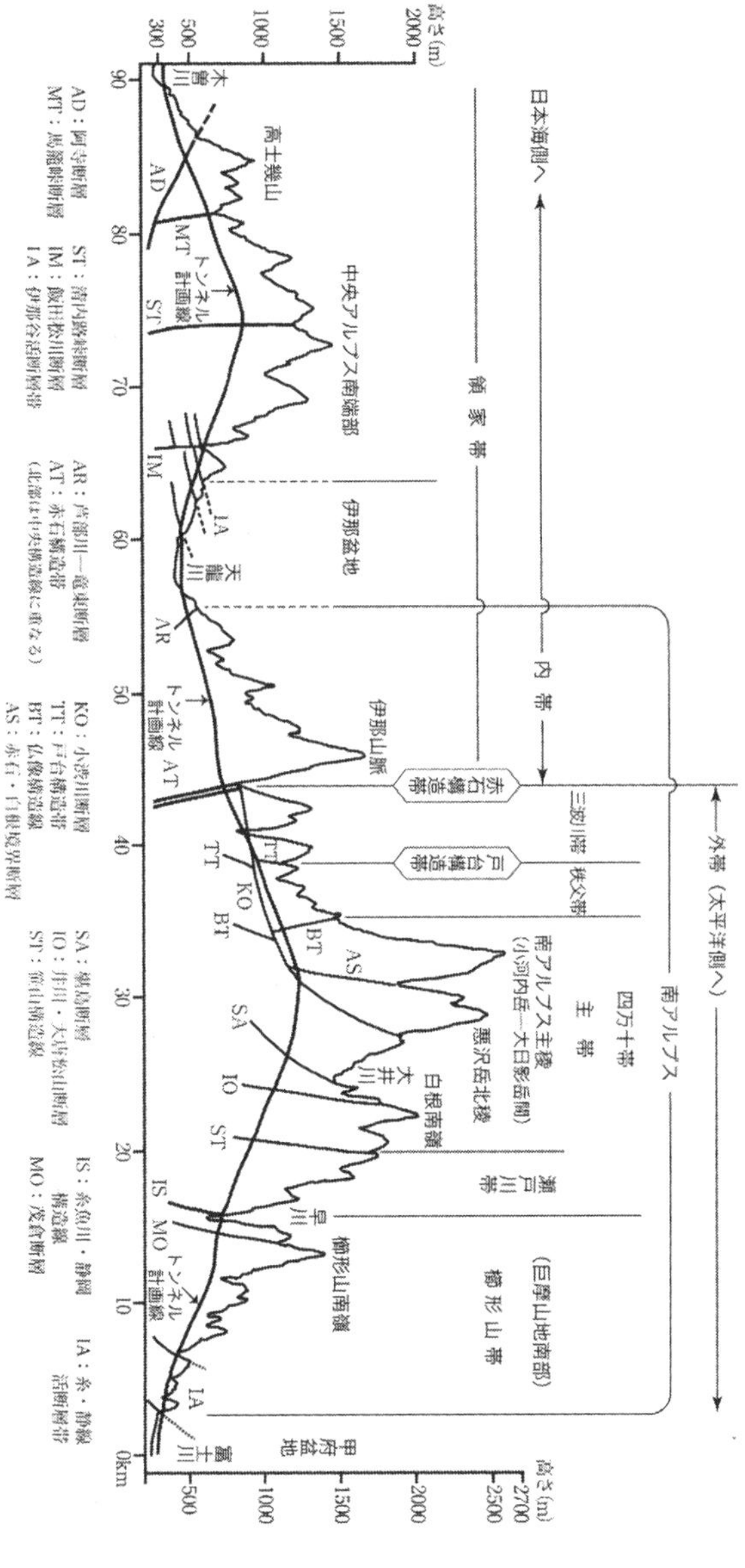

（水平：垂直＝1：10）
（トンネル資料はJR東海による、断層・構造線は松島信幸による）

3　トンネル計画と地質

トンネルは、赤石山地の屈曲と反転構造の中核部を通過する計画となっています（図4）。

トンネルは、甲府盆地から早川谷の新倉の北で糸・静線を横切ります。その間一二kmです。その手前では茂倉断層も通ります。糸・静線から大井川間は八kmで、この間については並行して走る笹山構造線、井川・大唐松山断層、椹島断層を通過します。これらの三つの断層は、異なる地質帯が直立しています。

大井川西俣谷は、地層が破砕しています。トンネルの上部では、悪沢、蛇抜沢および新蛇抜沢が急勾配で、西俣へ向かって落ちています。地山が安定していないのです。

一番に重要なのは、大深度トンネルの安全性が固い岩石で保持されるのではなく、超高圧の山体地下水で保持されるということです。南アルプスのような、太平洋の深海底で生成した地層は、超高圧の山体地下水で山岳の標高が保持されていますが、掘られたトンネルは土かぶり一三〇〇m〜一四〇〇mから発生する超高圧の山体内地下水で潰れていきます。そして、水が抜けた南アルプスの主稜線はやがて消失してしまいます。主稜線を超えると、地表では大鹿村側の小河内谷に向けて断崖があり、トンネルは仏像構造線を切ります。ここで地質は大きく変化します。

仏像線断層を通過して秩父帯の石灰岩層になります。石灰岩中に旧小日影銅山跡を掘り抜きます。鉱床は残っており、トンネルの掘削ズリから発生する公害対策が必要です。

トンネルは小河内谷左岸に近接して水抜き坑を掘ります。谷の水は現在長野県営水力発電所へ落としているので、致命的な影響を受けます。さらに大鹿村釜沢集落の地下を通過するため、同集落の上水道水源が涸れます。集落では蛇紋岩脈を伴う戸台構造帯を掘り抜き鳶ヶ巣《とびがす》峡へ向かいます。鳶ヶ巣峡で小渋川を橋梁で渡ります。ここは緑色岩と枕状溶岩からなる断崖で、小渋川断層を横断します。小渋川左岸では赤なぎの蛇紋岩体をトンネル通過して赤石構造帯へ抜けます。

トンネルは、青木川の地下四〇ｍで赤石構造帯を横断します。構造帯では最新の活断層も確認されています。そこから伊那山脈を抜けて、天龍川へ出ます。

このように、リニア新幹線のトンネルは、固い岩盤とはほど遠い脆弱な地層を掘り進み、かつ多くの断層破砕帯を通過します。断層ごとに地質が変化し、その上、通過する赤石山地は日本で屈指の高山地域であり、地震と共に近い将来動く山域ですから、リニア新幹線が安全に通過できるトンネルを維持することはできません。

4　南アルプスの地質からみる問題

(1)　高圧の山体内地下水に係わる問題

南アルプスは、他の山岳地域に増して多くの水を含んでいるので、トンネルによるこの水抜きが山を荒廃させるのです。

山体内地下水は、河川水（表流水）と異なり、山の重さを支え、山の標高を維持している高圧の水です。この高圧地下水が、この地域独特の様々な問題を引き起こします。

第一に、赤石山地にトンネルを貫けば、第二で述べるとおり、岩石と共に山を支えてきた被圧水を留めることはできません。その範囲も広範囲におよびます。トンネル工事で地下水が常時大量に流れ出し、山は水収支がマイナスに転じ、砂漠化します。森林は枯れ、はげ山へと変貌していくのです。同時に、山体の崩れが生じることが危惧されます。

南アルプスを構成している破砕帯は容易に動き、岩石が砕け、砕けた岩石の間を水が充填し、毎年わずかではあるが山が高くなっています。その動きは小さいが、繰り返してきました。

山体が崩れるのは、山を支えるこの山体内地下水が流れ出てしまうからで、広大な下流域では土砂災害が発生し、被害は人命にも及ぶのです。

第二に、計画では、トンネルは小河内岳直下から早川に向かって一方的に下る片勾配となっています。この結果、小河内岳とトンネル間の広範囲の地下水およびトンネル下方に貯蔵されている高圧の山体内地下水はトンネルを掘削することで一気圧になるために大きな気圧差が生じ、早川、富士川へと流れ出します。これまで大井川の源流に供給されていた水が山梨側に流れ出ることとなり、この流れを止めることは不可能です（図1、一一九頁）。静岡県はこの問題を指摘しているのです。

高圧地下水により山体が維持されているため、工事の段階でも「山はね」と呼ばれる現象が発生します。トンネル掘削時に、切羽の天井部分から被圧水が岩礫と共に突発的に吹き出てくるおそれが大きいのです。過去にも中山トンネルなど、突発湧水による計画変更を迫られた事例があります。

トンネル工事が不可能であることと共に、南アルプスの山体崩壊をあらためて強調したいと思います。南アルプスの山体にトンネルを穿てば、やがて、山体を保持していた山体地下水が抜けてしまい、山体は消失してしまいます。静岡県が指摘する大井川の水枯れに留まりません、山域全体の生態系や人間の暮らしに大きな影響が必ず生じるのです。

(2) 断層・破砕帯と地震・工事

ＪＲ東海は、「活断層はできるだけ避けるよう計画し、やむを得ない場合は最短で通過する」と述べ、地震があってもトンネル内は問題ないとしています。

ＪＲ東海は断層を「最短で通過する」と言いますが、その意味が「トンネルを断層に直角で通過(直交)」させることであるとすれば、阿寺断層、伊那谷活断層帯、飯田・松川断層、小渋川断層では斜行せざるを得ず(直交できず)、危険性が増します。ＪＲ東海は、このことについて何らの対策も持っていません。

ところで、リニア新幹線は首都圏・東海・東南海地震と南海トラフ地震帯をルートにしています。地震でこれら断層が単独で動かなくとも、赤石構造帯に誘発されて地震を引き起こすことも考えておかねばなりません。特に南海トラフについては、発生を予知できません。それにもかかわらず、JR東海は首都圏地震・東海地震について何らふれていません。リニア路線の直下型地震です。影響がないはずはありません。この地震問題を考慮すればリニア計画など問題外といわざるを得ません。

JR東海は、早期地震警報システムが働いて事故は起きないとします。だが、あらゆる自然現象に対応するシステムを構築することは不可能です。

さらに、断層破砕帯を掘削することにより地山に緩みや崩落が生じるおそれのあることは、よく知られています。大井川の二軒小屋で本流の東俣に支流の西俣が合流します。その西俣は谷沿いで、両岸の地層は断層でずれていて、谷の両側は破砕帯となっています。破砕帯は南上がり北落ち、左横ずれ断層で形成されています。計画では、このような脆弱な場所に工事用道路、非常口（山岳部）、坑口等を設けることとなっています。断層破砕帯での工事は、すぐに崩落を招き、困難を伴います。二〇一九年四月には、山口工区（南木曽町〜中津川市、四・七㎞）の作業用トンネル（斜坑）地上部とその真下のトンネル内で陥没・崩落事故が発生していますが、ここは、阿寺断層による花崗岩の断層破砕帯です。

おわりに

基本的な南アルプスの成り立ちと地質を考えれば、ＪＲ東海によるリニアトンネル工事そのものが無謀だと理解できます。

それだけでなく、山体内に存在する超高圧の山体地下水によって保持されている南アルプスにトンネルを穿てば、やがて山体を保持していた山体地下水が抜けてしまい、山体は消失してしまいます。静岡県が指摘する大井川の水枯れに留まらない、山域全体の生態系や人間の暮らしに大きな影響が必ず生じるのです。

（本稿は二〇二二年一〇月一七日に、東京地裁において開かれた口頭弁論の証人尋問に際し、松島信幸証人が証言として地裁に提出した意見陳述書をもとに、同氏の了解を得て本書の編者が作成したもので、文責は編者にあります。）

2章

リニア新幹線の安全性

阿部　修治

1　リニア新幹線の安全神話

リニア新幹線についてしばしば語られる安全神話として、次のようなものがあります。「リニアは浮上走行で、ガイドウェイに囲まれているから、脱線事故の心配がない」ある意味で、これは確かにリニア新幹線の有利な点でしょう。しかし、絶対安全なものは存在しません。ものごとには表と裏があり、強みは弱みにもなります。

弱点の例を一つ挙げましょう。もし、ガイドウェイ内に障害物が存在し、そこに超高速で列車が衝突したらどうなるでしょうか。従来の鉄道ならば、先頭車両が障害物を線路外に跳ね飛ばすかもしれません。しかし、リニアの場合は、ガイドウェイが壁となり、その中にある物体は簡単には外に飛び出すことができません。むしろ車両とガイドウェイの狭い隙間に吸い込まれ、車両とガイドウェイの両方を破損し、突然前進できなくなった車両に後ろから連結車両が次々とぶつかってくる、といった事故に至る可能性もあります。リニアの車両は浮上するために軽量に造られており、耐衝撃性はそれほど強くありません。

もちろん、通常はガイドウェイ内の障害物を検知するシステムがはたらいて事故を防止するようにはなっていますが、それが間に合わない状況もありえます。たとえば、山陽新幹線の車両の下部側面カバーが脱落した事故（二〇一五年）や、新潟県中越地震（二〇〇四年）においてトンネル上面のコンクリートが崩落したことなどを考えると、同様の事象が起こる可能性はあります。安全神話にとらわれず、リニア新幹線の安全性リスクについて十分に把握しておく必要があるのです。

リニア新幹線の安全性についてはこれまでも多くの指摘がされてきましたので、ここではそれらを少し整理してまとめてみたいと思います。おもに二つの面から検討する必要があります。一つは高速鉄道の延長上にあるものとしての安全性で、もう一つは従来にない新しい技術としての安全性です。リニア新幹線は磁気浮上リニアモーターカーという新技術を採用し、既存の鉄道とは一線を画していますが、高架橋やトンネルなどのインフラや、高速列車の運用などに関して、鉄道の基本的性格を有しています。この二つを分けて見ていきましょう。

2　高速鉄道としての安全性

新幹線が開業以来、大事故を起こすことなく運行してきたことから、日本の高速鉄道は安全性が高いと考えられています。しかし、新幹線といえども、実際にはあわや大事故という危機的な場面もあったことを忘れてはなりません。一九九五年の兵庫県南部地震の際には、新幹線の高架橋が倒壊したにもかかわらず、早朝で新幹線の始発列車が走行する前であったため、大事故を免れたのでした。新潟県中越地震においては、高架橋で脱線事故があったものの、崩落のあったトンネルに進入した列車はありませんでした。東北太平洋沖地震のときも、高架橋が大きな損傷を受けたものの、大事故は免れました。これまでは幸運であったと言うべきです。こうした経験を踏まえて新幹線の耐震対策は年々強化されてきていますが、それでもこれからも事故のリスクは常に存在していると考えるべきです。いつかは起きると考えられている南海トラフ地震や首都直下地震に対して、新幹線が絶対に安全であると言い切ることはできません。

まして、リニア新幹線は現在の新幹線の二倍近い高速で走行するのです。最初に述べたように、ガイドウェイがあるから安全ということにはなりません。大地震の際には車両が大きく振動し、ガイドウェイ側壁に接触・衝突する可能性もあります。南アルプスの長大トンネルや大都市の大深度地下トンネルなどは、多くの活断層地帯を通過しますので、地震で大事故が起きれば、消火・救助活動にも困難が予想されます。後で述べますが、リニアの車両にはゴムタイヤ、線路ガイドウェイにはプラスチックが使われており、現在の鉄道よりも可燃物が多く、火災になれば有毒な煙が猛烈に発生することが懸念されます。

列車運行については、現在の新幹線もほとんど自動運転化されていますが、リニア新幹線では列車には運転手がおらず、完全に遠隔で自動運転されることになります。列車の位置はセンサーで精密に把握され、その情報が中央制御室に送られ、コンピュータがプログラムに従って地上側変電所に加減速の指令を出して列車の運行を制御します。現在の新幹線より高度な制御システムです。こういったシステムは通常の運行では正常に作動していても、非常時には隠れていたプログラムミスが問題を引き起こし、あるいは、人の指令による運行に切り替えたときの人為的ミスから事故につながるといったことがよく起きます。

まとめると、「リニアは新幹線と同じくらい安全である」というのも安全神話だということです。現行の新幹線でも安全性に関するリスクは存在することを認識し、さらにリニア新幹線は現行の新幹線に比べて、①二倍近い高速、②トンネルが大部分、③可燃物が多い、④無人運転、などの理由により、リスクはより大きくなっていることを認識する必要があります。現行の新幹線よりはるかに厳しい安全対策が求められるのです。

3　リニア特有のリスク

次に、磁気浮上リニアモーターカーという新しい技術特有のリスクについて述べます。主なリスクとしては、次のようなものがあります。

- 列車側の超電導磁石……超強力磁場、クエンチ、発火
- 車両のタイヤ（支持輪、案内輪）……誤作動、破損、パンク、発火
- 地上側コイル（推進、浮上案内、給電）……大電流、短絡、過熱、発火

これら個々の事象に対しては、もちろん対策が講じられており、被害を最小限にとどめるように考えられています。しかし、それでも常に想定外の異常が起き、こうした事象が同時に連鎖的・複合的に生じて、より大きな事故に至る可能性もあります。これは東北太平洋沖地震における福島第一原発事故からの教訓です。

(1)　超電導磁石のリスク

リニア新幹線の列車は、車両連結部分の台車に超電導磁石という超強力大型磁石を搭載してい

JR 東海発表のリニアの磁界測定の結果（2013年12月）

複数回測定したデータの最大値を記載

測定高さ	位置／条件	車内貫通路	車内客室１	車内客室２	ICNIRPガイドライン
1.5m	停車時測定値 静磁界（測定機器１）	0.44mT	×	0.31mT	400mT（静磁界）
1.0m		0.81mT	0.05mT	0.37mT	
0.3m		0.92mT	0.04mT	0.37mT	
	走行時測定値（測定機器１）※変動磁界成分は下段参照	0.90mT	×	0.43mT	
	走行時のICNIRPガイドラインに対する比率の測定結果（測定機器２）	×	3.2%	3.3%	—

（出典）https://company.jr-central.co.jp/chuoshinkansen/efforts/briefing_materials/magneticfield_result/_pdf/magnetic_point3.pdf

ます。これは、地上コイルとの相互作用によって、車両の推進・浮上・案内を行うためのものです（列車をガイドウェイ内に保持することを「案内」といいます）。液体ヘリウムでマイナス二六九℃という極低温に保たれ、電気抵抗ゼロの超電導状態にあるコイルに大きな永久電流を流すことで、１テスラ以上の極めて強力な磁場を発生させています（リニアの磁界測定値は上図参照）。

このような強い磁場は医療用ＭＲＩ検査装置で用いられます。ＭＲＩ検査の際には身体に金属を装着していないことが求められます。リニア車両の場合は、客室と通路を磁気遮蔽材料で囲むとともに、駅での乗降設備も乗客が所定の通路以外を通らないように管理されます。もしもガイドウェイ内に鉄製の空き缶や工具などが落ちていたりすると、超電導磁石に吸い付けられ、走行中であれば事故につながりかねないので、このようなことが絶対にないようにしなければなりません。

超電導磁石のもう一つのリスクは、コイルの超電導状態が破れる「クエンチ」と呼ばれる現象が発生しうることです。その原因は、ヘリウムの温度が上昇することや、物理的な振動・衝撃です。クエンチが起きると、突然コイルに電気抵抗が発生し、流れていた大電流が大きなジュール熱を発生するため、ヘリウムが急激に気化して容器が破裂したり、高熱によりコイル付近から発火したりするおそれもあります。そして、超電導磁石が磁力を失い、列車が浮上力を失い、路面まで落下します。緊急着地輪が装備されていますが、高速走行中であればかなり大きな衝撃になります。平常時の走行においてクエンチの発生確率は小さいものの、大きな地震の際に走行車両が激しく振動してガイドウェイに接触し、その衝撃でクエンチが起きる可能性があります。

(2) タイヤのリスク

リニア新幹線は高速走行時しか磁気浮上できない方式のため、静止状態および低速走行時には車輪でガイドウェイに接地して走行します。各車両の台車の下側に支持輪が四輪、側面に案内輪が四輪ついていて、高速走行時には空気抵抗を減らすため、これらのゴムタイヤは台車に収納するようになっています（駆動力は常にリニアモーターを使いますので、車輪には動力は備わっていません）。低速といっても最大時速二〇〇キロメートルまでの速度で使われるので、航空機の離発着に使われるような特殊な高強度のタイヤです。駅に発着するたびにタイヤの出し入れを行うという、従来の鉄道車両にはない複雑な仕組みです。

一九九六年までの宮崎実験線での走行実験において、何度かタイヤのパンク事故が発生し、一度は車両の全焼事故につながりました。その後、改良されてこのような事故は起きなくなりましたが、タイヤの摩耗・劣化は激しいので、実際の運用時には二カ月に一回の交換が必要と想定されているくらいです。

何らかの理由で緊急着地する際に、異常に大きな力が加わり、パンクしたり発火したりするリスクはあります。タイヤの出し入れに使われる油圧ポンプのオイルも可燃物です。台車には消火装置が組み込まれているとはいえ、それが十分に機能する保証はありません。

(3) 地上コイルのリスク

リニア車両の推進と浮上・案内を担っているのは地上側のガイドウェイに設置されている地上コイル（推進コイルと浮上案内コイル）です。このコイルには大電流が流れ、大きな力がかかるので、耐久性に関わるリスクがあります。

大電流が流れることは、発熱も大きいということです。導線の短絡（ショート）により発火するおそれもあります。地上コイルは、プラスチックの中に埋め込まれていますが、プラスチックの中でも難燃化が難しいエポキシ樹脂等が使われており、高温になればなるほど燃えやすくなる

超電導磁石と地上コイルの配置

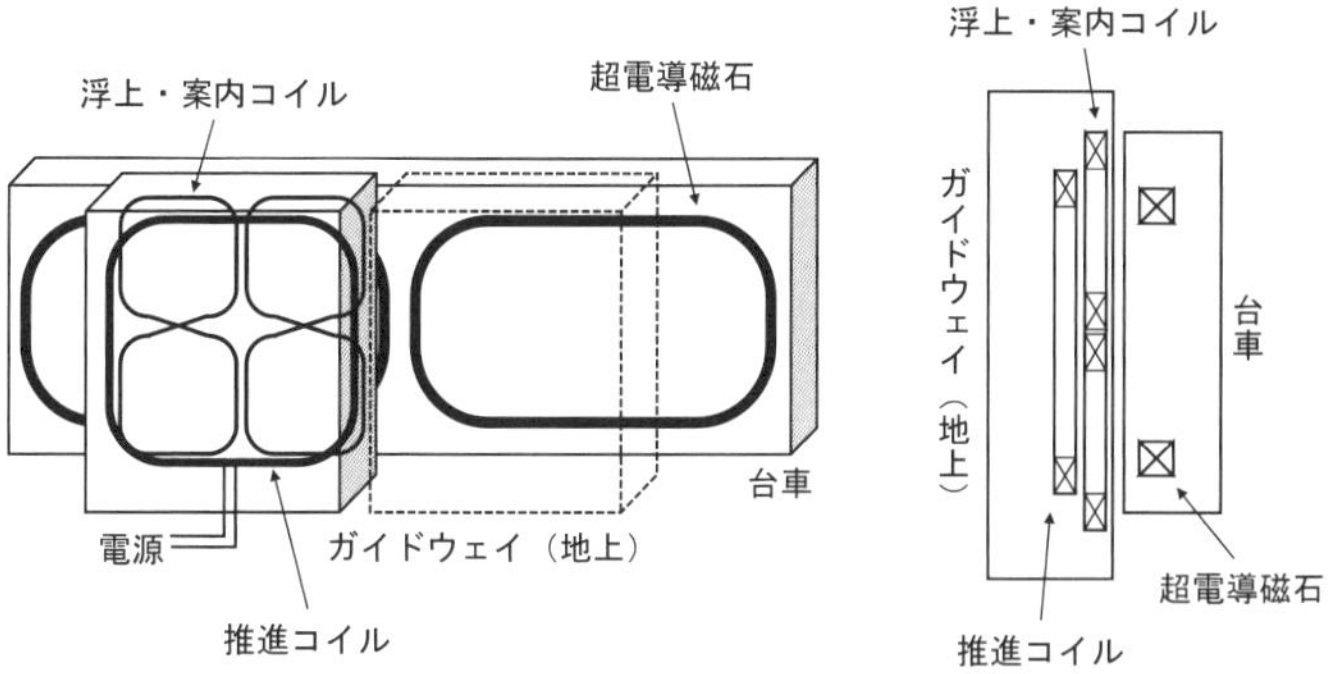

という性質があります。

地上コイルには、列車に大きな推進力や浮上力を与えることの反作用として、非常に大きな力が加わり、それはガイドウェイそのものにかかる力となります。ガイドウェイは耐久性能試験をクリアしているとはいえ、長期間の使用によって徐々に変形したり、ボルトがゆるんだり、亀裂が入ったりといったことが進行する可能性はあります。

こうしたゆるやかな劣化が、地震などの衝撃で一気に破損につながるおそれもあります。

通常はこうしたことが起きる確率は小さいものの、問題は地上コイルが全線にわたって敷き詰められていることです。中央リニア新幹線の東京〜名古屋間二八六キロメートルに設置される地上コイルユニットの数は約一三〇万個にもなります。仮に年間の故障確率が〇・〇一％であったとしても、三日に一カ所程度の故障がどこかで起きることになるのです。年数が経てば経つほど、保守点検を強化していかねばなりません。

4　なぜ安全性がおろそかにされるのか

以上見てきたように、リニア新幹線にはさまざまなリスクがあります。しかし、国家的な巨大プロジェクトであるにもかかわらず、今に至るまで、安全性に関するJR東海からの十分な情報公開や、公開の議論の場はありません。建設推進が最優先とされ、利便性ばかりが強調されています。建設には莫大なコストがかかり、事業者としては工事期間を伸ばしたくない、コストをこれ以上増やしたくないという意向がはたらいているという背景もあるでしょう。メディアの報道も一方的に期待感を煽る記事ばかりです。原子力発電所の建設推進のために利便性ばかりが強調され、リスクが軽視された構図と同じです。

このようなプロジェクトでは、リスクの正確な情報提供と第三者による評価が不可欠です。リニア新幹線についての公的な評価としては、国土交通省の超電導磁気浮上式鉄道実用技術評価委員会が高速性の目標、輸送能力・定時性の目標、経済性の目標を検証しています。その二〇〇九年の報告書の中で、「異常時対応」として、自然現象、車両設備故障等、侵入・障害物、車両救援、火災・避難などが検討され、「考え方を整理し、対応方法が確立された」と評価しています。しかし、安全性を独立の目標としては扱っておらず、実際の安全性について客観的評価を与えたものではありません。

比較のために、スイス・アルプスのゴッタルド基底トンネル（Gotthard Base Tunnel）における安全システムを紹介します。このトンネルはスイス国鉄が二〇一六年に完成させた約五七キロメートルの世界最長の鉄道トンネルです。その建設には莫大なコストがかかることから、スイスでは賛否の議論が巻き起こり、最終的には国民投票で承認されました。そして、建設計画は初期段階から公表され、一般市民や専門家による議論を経て、固められていきました。最悪の場合を想定し、一本の複線トンネルではなく二本の単線トンネル構造を採用し、その間を結ぶ渡り通路や、トンネル内の非常停車場、地上につながるアクセストンネルなどが設けられています。さらに、消防・救急・避難用の緊急車両を常時待機させるなど、何重もの安全対策が施され、世界最高レベルの安全性を実現しているといいます。安全性のためのコスト増も含めて、社会的合意がなされているのです。

民主主義において社会的に重要な施策を進める際の原則は、①責任体制の明確化、②情報公開、③開かれた議論です。日本ではこの原則がないがしろにされているのが現状です。そのため、事故が起きても「想定外」という言い訳が繰り返されてしまいます。リニア新幹線について、いったん立ち止まり、オープンな国民的議論を行うことが、ＪＲ東海、政府・自治体、メディアを含めた社会全体に求められています。

主な参考文献

1 リニア・市民ネット編『危ないリニア新幹線』緑風出版（二〇一三年）
2 樫田秀樹『〝悪夢の超特急〟リニア中央新幹線』旬報社（二〇一四年）
3 石橋克彦『リニア新幹線と南海トラフ巨大地震』集英社（二〇二一年）
4 阿部修治「リニア新幹線の安全性」『環境と公害』第四九巻第一号、岩波書店（二〇一九年）
5 阿部修治「磁気浮上列車の地震動応答」『武蔵野大学数理工学センター紀要』第七号、武蔵野大学数理工学センター（二〇二二年）
6 超電導磁気浮上式鉄道実用技術評価委員会「超電導磁気浮上式鉄道実用技術評価」国土交通省（二〇〇九年）
7 D. Fabbri「The Gotthard Base Tunnel: Fire/Life Safety System」The 6th Annual Tunnelling Conference（二〇〇四年）

3章

トンネル工事での地下水位低下と地表面沈下
——福木トンネル工事を例として

越智　秀二

はじめに

広島市北東部に位置する広島高速一号線福木トンネル工事（二〇〇一年〜二〇〇六年）では、水涸れ被害や地表面沈下被害が起き、大きな問題になりました（図1、2、一四五、一四六頁）。トンネル掘削に伴う水涸れ問題は、よく起こる問題でしたが、当時は地元ではあまり関心がなく、水田耕作ができなくなる事態になってはじめて顕在化した事例でした。地元の知人から相談を受け、対応した経験をもとに報告します。なお、この問題の詳細は、『地学教育と科学運動』[1]に報告しており、今回はこの報告をもとに行います。

1　福木トンネル工事の経過と概要

広島高速一号線は山陽自動車道から市内までを結ぶ都市高速道路として位置づけられ、一九八〇年代に「温品バイパス」として建設されていたものを延伸して山陽自動車道につなげたものでした。当初は地表を通る計画もありましたが、途中からトンネルに変更され、二車線で上下二本、長さ約九〇〇メートル程度のトンネルを掘削してつなげました。

当初の計画は事業費八八億円でしたが、のちに述べるトラブルにより、その約二倍の一六八億円に事業費が膨らみました。追加工法による建設費の増大に加えて中国電力広島変電所の六億円ともいわれる沈下補償費、水涸れ補償や住宅の沈下・損傷の補償などがその内容とされています。

2　福木トンネル周辺の地形と地質

福木トンネルは広島市北東部の府中大川の上流部に広がる扇状地直下の風化岩盤を掘削したものです(2)(3)（図3、一四七頁）。広島高速道路公社の説明図等によれば(2)、基盤岩は白亜紀後期の花崗岩（中粒黒雲母花崗岩）と細粒閃緑岩からなり、それらを覆って土石流堆積物や崖錐性堆積物などが堆積しています。トンネル通過部分の花崗岩は非常に風化が進み、岩級区分ではＤＬ級～ＣＬ

図１　水涸れ被害と地表面沈下被害が発生した福木トンネル周辺図

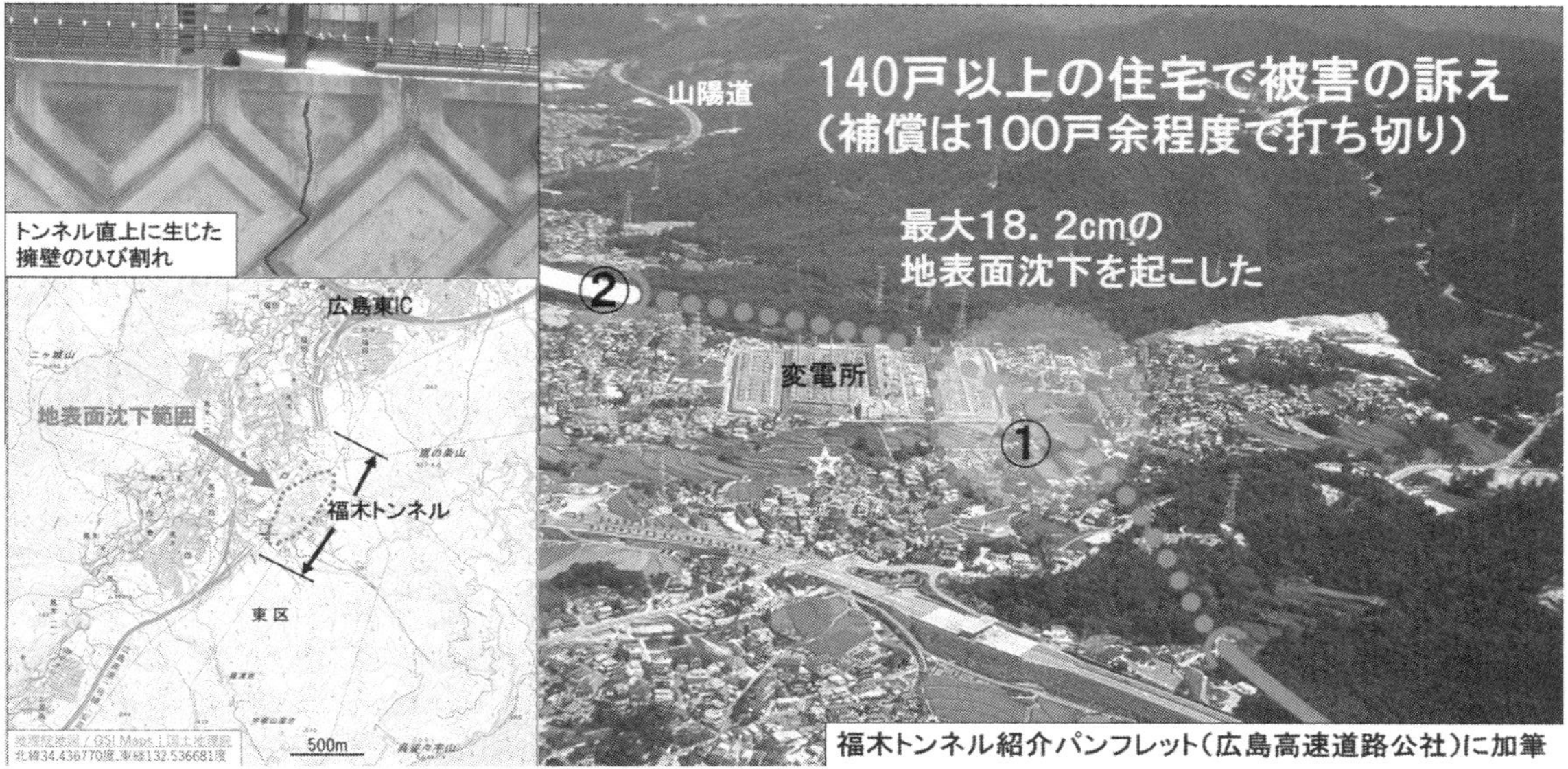

水涸れ被害は、上右写真の① 付近左側の水田地帯でトンネル掘削開始後の 2002 年春から顕在化。2006 年にトンネルから②に流下する湧水を、水田耕作期間に②から①付近にポンプアップして放流管から農業用水路に流下することで決着。右図☆は広島高速道路公社が掘削した水涸れ対策被害の補償用井戸。左下の地形図は「地理院地図／ＧＳＩ Maps｜国土地理院」に加筆。

図２　住民側で作成した地表面沈下の分布図 1)

ため池を中心に、トンネルに沿って沈下が起きていることがわかる。20mm 以上の沈下が起きた範囲は約７ヘクタール。左上の★印は高速道路公社が水涸れ対策のために掘った補償用井戸（深さ 180 m）の位置。断層は 1999 年通商産業省（当時）地質調査所発行の５万分の１地質図「海田市」による。

図3　福木トンネルの模式断面図（下り線）

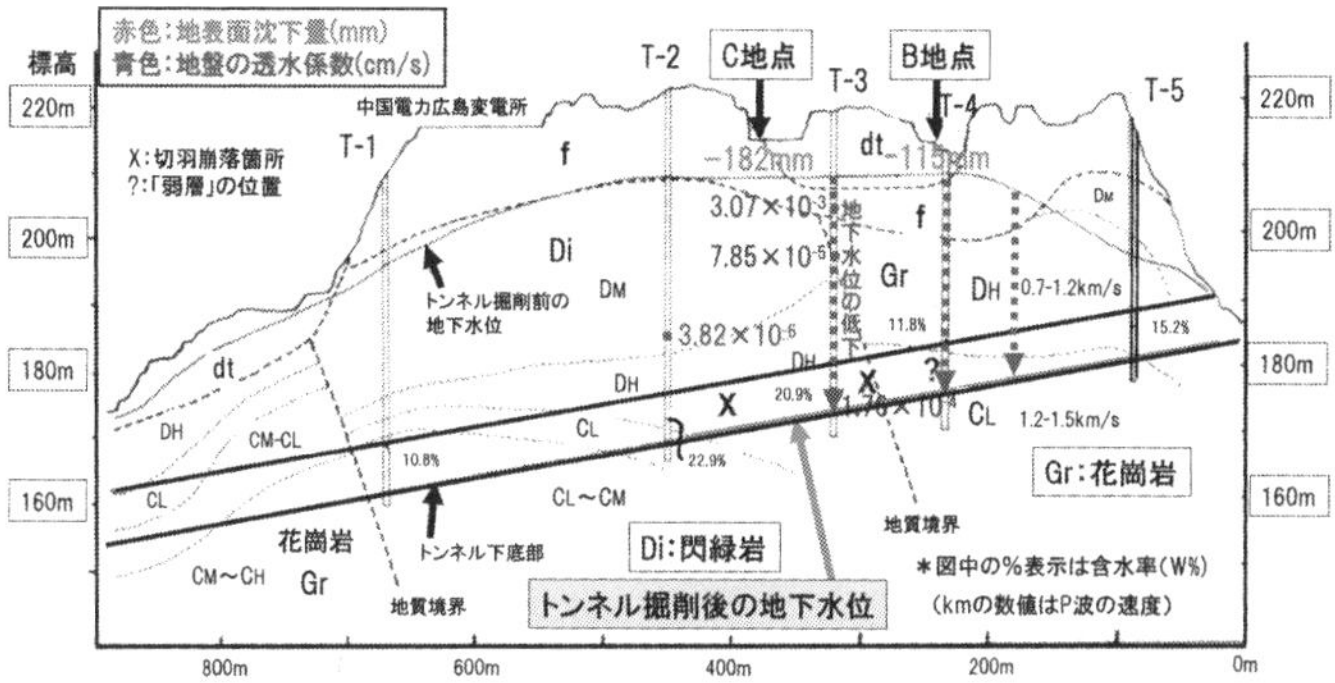

広島高速道路公社の住民説明会資料 2）や「トンネルと地下（2006）」3）の図をもとに加筆。図の左側が山陽自動車道側、右側が広島市内側。地下水位 はトンネル掘削によってトンネル下底部付近まで低下。地表面沈下はB 地点では 115㎜、C 地点では 182㎜（最大値）。dt：崖錘性堆積物　f：古期土石流堆積物　Gr：中粒黒雲母花崗岩　Di：細粒閃緑岩　T-1 ～ T-5：ボーリング箇所　x：切羽崩落箇所　？：「弱層」の位置

級（一五五頁、**注釈**）の花崗岩で、トンネルの途中に幅約四〇〇メートルの細粒閃緑岩が脈状に分布しています。この閃緑岩も風化が進んでおり、トンネル通過部分の岩級区分はDH級～CM級となっています。二〇〇四年五月に行われた地元住民向けのトンネル見学会で行った切羽付近の路盤上に崩落していた閃緑岩の岩塊は手で掴んで割れるほど脆弱なものでした。

事前の調査報告書では、「計画路線は丘陵地東部の山麓緩斜面地帯を切土およびトンネルで通過する。トンネル部は土砂地山に近い状況にあり、一部は谷床型緩斜面を通過する。特にトンネル坑口付近では谷床型緩斜面下を掘削することになり、土砂災害や出水に対して注意が必要な地形条件で

図4　住民から提供されたT-3ボーリング孔（ため池西側）での地下水位変化の記録（広島高速道路公社作成）

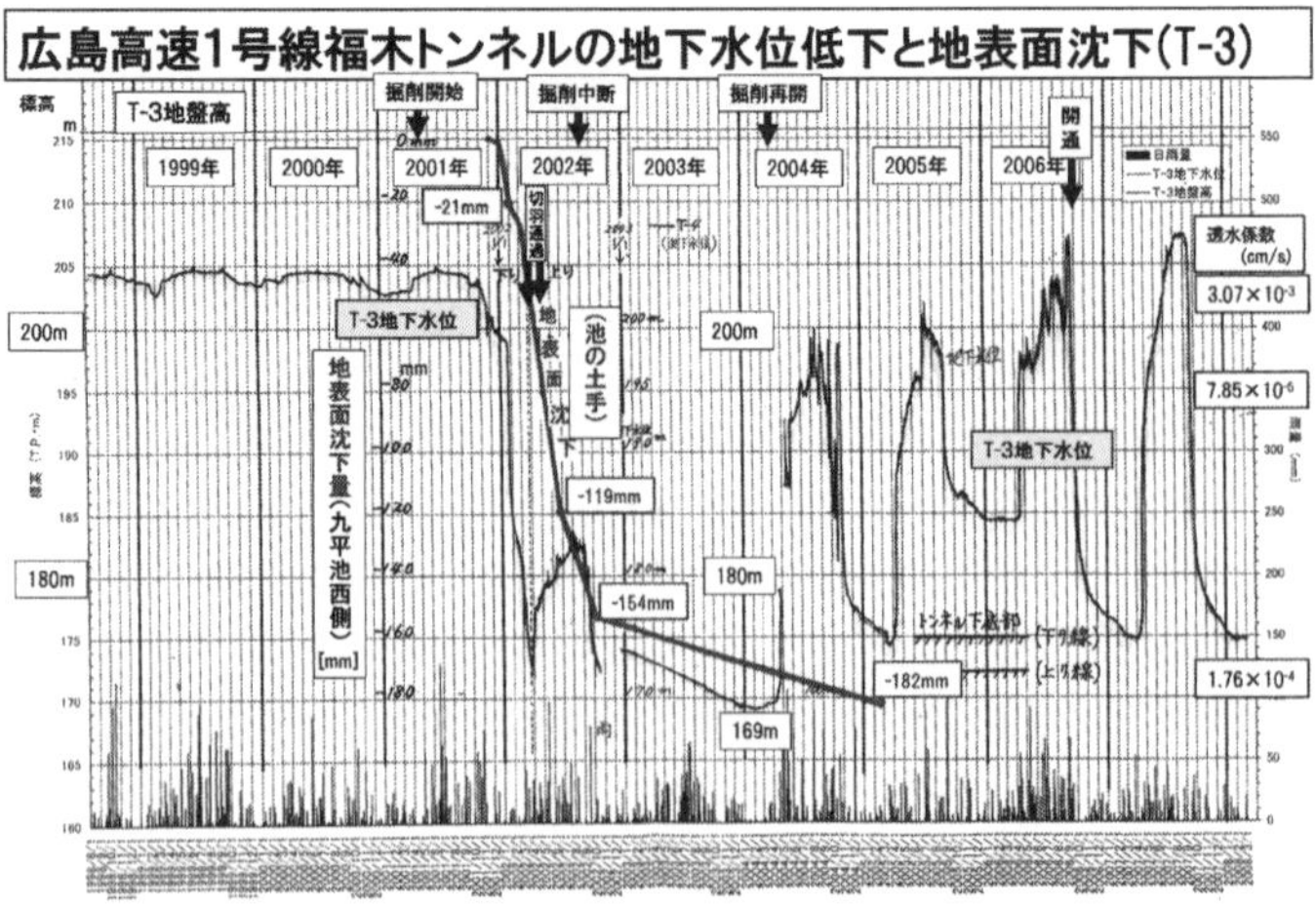

トンネル掘削までの地下水位は上下2m程度の季節性変動をしていたが、トンネル掘削開始直後から大きく水位低下。止水対策を行って工事再開以降、上下20m以上の季節性水位変動を繰り返しながら徐々に元の水位以上にまで回復。越智（2009）による解析から、切羽通過前後の地下水位低下は1か月で約5mであった。C地点での地表面沈下と地下水位低下（T-2, T-3）の解析から、事前に求められていた透水係数（室内透水試験）の2倍から50倍の透水性が実際にはあったことが判明。

ある」とされ、地盤の脆弱さや地下水が多いことは事前にわかっていたといえます。

今回の水涸れと地表面沈下は、このかなり風化のすすんだ花崗岩と閃緑岩中にトンネルを掘削したことで、風化岩中の細かい亀裂に含まれていた地下水が急速にトンネルに抜け落ち、地下水位低下に伴う岩盤の収縮による即時沈下により発生したためでした（図3、4、5）。しかしながら、事前の「学識経験者」（氏名

図５　ひび割れの多いＤＭ級の細粒閃緑岩（2007年７月の住民説明会で広島高速道路公社が配布した資料より）

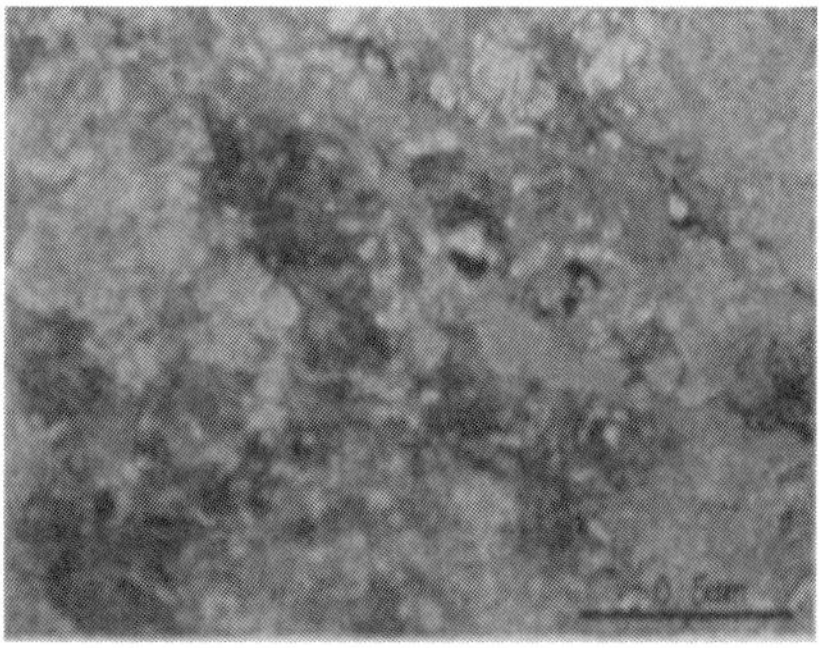

水涸れは、この割れ目（青色）に含まれていた地下水が、トンネルに抜けたために生じ、沈下は地下水が抜けたことで割れ目が閉塞したために生じたものと説明された。

非公表）の評価（アドバイス）では、「地下水位を下げて沈下が起こるかどうかは不明」「沈下は掘削による地盤のゆるみで一・五センチメートル程度」とされ[4]、トンネル掘削工事にゴーサインを出しました。これが結果として無対策のままの工事につながったといえます。

3　水涸れ被害の概要と対策

二〇〇一年五月にトンネルの掘削を開始して半年後、それまで雨が降れば水が流れていた農業用水路に全く水が流れなくなり、翌年の三月から四月の田植えの準備時期になってもほとんど水が流れないという事態になりました。水涸れが問題になった水田は、「出水《でみ》」と呼ばれる湧水を利用して水田耕作を行っていたため、水利権の関係もあって、周辺の川（府中大川）やため池（九平池）からの水は取水できない状態でした。このため関係住民は広島高速道路公社と交渉し、補償用の井戸（深さ一八〇メートル、水量毎分七〇リットル）を掘って給水させたり、タンクローリーを配置させて水田に水を供給する（図6）という状態でした。

この原因は、トンネル掘削による地下水位低下が原因です。風化の進んだ岩盤の割れ目に含まれていた地下水が、トンネル掘削によって抜けたためです。住民の方から提供された地下水のデータと地盤沈下のデータをもとに解析したところ、一カ月で約五メートルの地下水位低下が起きていました（越智二〇〇九）。二〇〇四年五月時点で毎分約八〇〇リットルの水がトンネルから湧出していました。事前の地質調査では、風化岩盤の透水係数は難透水性とされる値が出ていましたが、これらはいずれも実際の岩盤の透水性よりも小さい値が出やすい室内透水試験の値でした。「学識経験者」はこのデータをもとに、地下水位低下がほとんど起きないと判断したのでしょうか。

水涸れ被害に対しては、関係住民一〇人余が広島高速道路公社に対して地元市議も加わって働きかけ、交渉の末、当初住民と公社の間で工事前に交わしていた「元通りにする」と約束した文書に則って、トンネルからの湧水のうち、約二五〇リットルを水田上方の九平池近くの道路までポンプアップし、農業用水路に放流することで決着することができました。

図6　タンクローリーで水田に給水する様子

2004年5月（東区馬木地区）

4　地表面沈下被害が顕在化

　ところが二〇〇六年頃、周辺住民より、住宅の壁やブロック塀、水路などにひびが入っている、住宅が傾いたなどの被害の声が続出し始め、筆者のところに相談が寄せられました。当初は住民の方もよくわからず、家の戸が閉まらなくなったり壁にひびが入るようになって何かおかしいと申し出ても、公社の担当者から「築三五年以上で家が古いから」などといわれたり、何度改善を申し入れても聞いてもらえなかったりしていました。

　この問題については、地元の被害住民の方々と連携しながら調査や現地説明会などをすすめ、事前調査と事後調査の資料を二〇軒以上の住民の方からの協力を得て集め、地表面沈下図を作成しました。その結果、トンネル付近を中心に沈下が最大となり、トンネル掘削が原因で地表面沈下が進んでいることが明らかになりました。

この図が大きな力となり、これを持って関係機関への申し入れやマスコミ各社への要請などを行い、当初はほとんど相手にもされなかった沈下被害の問題を社会的に明らかにし、全国的にも例がない「確認書」を取り交わすなど、全国的にもまれな補償交渉を行いました。

この工事に関する事前調査は、地元の地質コンサルタント二社が行い、かなり詳細でまともな報告書を出しており、その報告書には工事による切羽崩落や異常出水など、地下水や地盤に影響が及ぶ可能性も指摘されていました。しかしながら、前述のとおり最終検討会で、氏名非公表の「学識経験者」からのアドバイスとして、「地下水位を下げて沈下が起こるかどうかは不明」「沈下は掘削による地盤のゆるみで一・五cm程度」としてトンネル掘削工事にゴーサインを出しました。これが結果として無対策のままの工事につながったといえます。学識経験者の「学識」とは何か、あらためて問われるところです。

なお、この時の地表面沈下と地下水位低下との関係は、トンネル工事関係者の専門誌『トンネルと地下』（二〇〇六年九月号）では、地下水位低下一メートルにつき地表面沈下は風化花崗岩で一ミリ、風化閃緑岩で二・五ミリとの報告がされていましたが、実際に最も沈下被害が大きかった地帯での住民側作成沈下図と公社資料をもとにした詳細な検討からは、地下水位一メートルの低下につき風化花崗岩で三ミリ以上、風化閃緑岩で四ミリの沈下となっています。

5　福木トンネル問題のその後

被害の申し出は一四〇軒以上ありましたが、残念ながらそのうち四〇軒余は「疫学四原則」なるものを持ち出されて一方的に補償対象から外されてしまいました。また、被害と補償が認められたところも、実際の住宅修理にかかった金額は補償額をはるかに超え、大きな負担となりました。

この問題を契機に広島駅北側に計画されていた広島高速五号線二葉山トンネル工事は、工事反対の署名が一〇万筆以上寄せられ、「広島高速五号線トンネル安全検討委員会」が開催されたり、住民側から工事差し止め裁判が提起されました。結果として従来のＮＡＴＭ工法を「岩盤シールド工法」に切り替えて二〇一八年から工事を開始しましたが、故障やカッターの破損などが六〇回以上にものぼり、住宅地直下に至って騒音や振動、沈下や異常隆起などを起こし、当初二〇二〇年完成の予定が、二〇二三年四月に至るも完成の目途が立たないまま、シールド工事区間の約四〇％を残し停止している状態です。

おわりに

福木トンネルの工事は、水涸れ被害と地表面沈下による住宅被害を引き起こしただけでなく、多くの関係住民に多大なストレスや健康被害、住宅修理に伴う過大な損害をもたらしました。それればかりでなく、担当した広島高速道路公社職員をはじめとする多くの行政職員やコンサルタント関係者にも多大な負担をかけた工事にもなりました。

「御用学者」という言葉がありますが、「忖度付きの科学」は害悪と多大な損失を生み出すだけです。今、多くの公共工事や大規模工事に関わって、この種の「学識」がまかり通っているのを痛感せずにいられません。人の命に係わる問題にもつながりかねません。「真実は一つ」です。学術研究に関わる「学識経験者」には、「科学の自立性」を肝に銘じ、きちんとした調査と適切な科学的判断を表明する見識が求められているといえます。

しかしながら、現在各地で進められている大型公共工事（たとえば東京外環道工事など）では、官製の「委員会」を開設してはいますが、往々にして適切な科学的判断がされないまま工事が推進されている感があります。特に岩盤の透水性については、現場透水試験ではなく、亀裂の少ないコアを使った室内透水試験で判断している場合さえあり、リニア新幹線でも同様の地下水涸れや地盤被害などが起きないという保証はないのではないでしょうか。関係住民や心ある学識経験者の適切な科学的判断や監視、行動が求められているといえます。

注釈

岩級区分といい、花崗岩の硬軟、風化や割れ目の程度などを表す記号で八段階で表示。

A：新鮮堅硬、割れ目に沿った変色・変質なし。

B：堅硬、割れ目に沿って酸化鉄付着。

CH：岩石は割合硬質。黒雲母、斜長石が若干変質。

CM：ハンマーで軽くたたいて割れる。斜長石の変質すすむ。

CL：ハンマーでボロボロに砕け、指圧砕で一部砕ける。黒雲母が黄金化、斜長石変質。

DH：ハンマーで削れ指圧砕でつぶれる。黒雲母の周辺褐色粘土化。斜長石粘土化。

DM：指圧砕で石英カリ長石の粒子細片を残し砂状化。黒雲母斜長石はほとんど粘土化。

DL：手の平の指圧砕で多くは粉末状、一部砂状。長石類はほとんど粘土化。

「岩盤分類とその適用」吉中龍之進・櫻井春輔・菊池宏吉／編著（土木工学社）を参考

参考文献

(1) 越智秀二「トンネルと地表面沈下」『地学教育と科学運動』六一号、七～一五頁、地学団体研究会、

二〇〇九年

(2)「高速一号線トンネル工事による地表面沈下等に関わる説明会」広島高速道路公社住民説明会資料、平成一九年七月

(3) 河村洋治、吉光康夫、尾畑洋、中川浩二「脆弱化地盤の地下水を制して変電所直下を突破」『トンネルと地下』三七号、土木工学社、七〜一二頁、二〇〇六年

(4)「広島高速一号線トンネル工事の調査から工事段階までの経過について」『広島高速道路公社報告書』平成一六年九月

Ⅲ

リニアはなぜ失敗したか

——川村 晃生

はじめに

本書を読み進められてきた方には、現在そして未来にリニアがいかなる困難をたくさん抱えているかをお分かりいただけたと思います。そこでまずそれらの困難がなぜ生じたのかということの検証から始めましょう。

二〇〇七年四月、ＪＲ東海がリニア中央新幹線を自社費用で推進することを発表し、その唐突かつ意外な構想に世間の注目が集まりました。そしてその後、国交省の審議を経て、事もあろうに東日本大震災と福島原発事故で社会が混乱の極にあったただ中の二〇一一年五月、国交大臣がＪＲ東海にリニア建設の指示を出しました。それから三年余の環境影響評価（アセスメント、以下、アセス）を経て、工事実施計画が認可され、二〇一五年一二月、二〇二七年の完成を目指して、山梨県早川町で起工式が行われました。この構想発表から着工に至る八年余のスピーディとも言える動きは、ただひたすら、つまりそれは着工への道のりの障害となるものはすべて排除してということですが、眼を見張らんばかりの手際のよさで計画は進んでいきました。しかしそれにしても、いま思えばリニア建設という大難工事の助走としては、あまりにも短すぎたのではなかったかと思います。そして先走って結論めいたことを言うなら、この短い助走期間こそが現在のＪＲ東海にとっての困難を招く大きな要因だったように思われるのです。

とりわけアセスの期間が二〇一一年七月（計画段階配慮書の提出）～二〇一四年七月（国交大臣意見のJR東海への送付）という、たった三年間しかなかったことは、無謀と言ってもよいようなものので、かつて私が反対運動をしていた新山梨環状道路北部区間のわずか一五㎞の高規格道路さえ、七年間をかけたことを思えば、リニアのアセスの手薄さが分かってもらえるでしょう。このアセスは多くの識者から難工事の多いリニア建設のアセスとしては最悪という指摘がなされました。実際、「影響は少ない」「事後の調査を行う」がくり返される内容のアセスは、アセスをしなかったのに等しいと言えるでしょう。

1　手抜きアセス

では手抜きアセスによって何がもたらされたのでしょうか。まず残土（発生土）の処理問題を考えてみましょう。全線の八六％がトンネルで通過するリニアは、五六八〇万㎥の残土が発生します。それにもかかわらずJR東海は、工事の中で利用する以外の残土については一切処分先を示すことなく着工してしまいました。つまり処分先は工事を進めながら探すということにしたのです。そのため住民からの思わぬ反発を受けることになりました。たとえば豪雨による土砂災害の経験を持つ長野県では住民の反対運動により、なかなか処分先が見つからず、また岐阜県では

リニア実験線トンネル工事の残土（160万㎥）で埋められた沢（山梨県笛吹市境川町）

絶滅危惧Ⅱ類のハナノキが分布する重要湿地を処分先にしたために、当地の自治会などから反対の決議が出されています（井澤論文参照）。くわえて静岡県では大井川源流部に膨大な残土を置くことが計画され、静岡県からの合意は得られそうにありません。

これらはアセス段階で処分先を検討せずに、強引に着工してしまったためのツケがまわってきたと言うことができます。つまりＪＲ東海は、残土処分という大問題を安易に考え、一方で住民の意思などは考慮しないという住民軽視の方針をとったということでもあります。残土の処分先が決まらない限りトンネルは掘れません。樫田秀樹の調査では、処分先の確定率は四割に達していないということです。これがリニア工事が進捗しない、つまり計画失敗の一つの要因です。

次にトンネル掘削による水涸れの問題を取り上げてみましょう。トンネルを掘れば地下水が分断され水涸れが起こることは当然のことで、越智論文の福木トンネル工事の例に即せば一目瞭然と言ってよいでしょう。また実際に山梨県のリニア実験線でも上野原市や笛吹市においてトンネル工事による水涸れや異常出水が各所で起きてしまい、河川や田の減水を招いたため、ＪＲ東海は井戸を掘ったり導水路で川に水を流したりしてその手当をしなければなりませんでした。それが僅か四三㎞の実験線で起こったのですから、全長二八六㎞という長い距離を考えると、これからどれほどの規模の水涸れが起きるのか想像を絶するものがあります。実際、松島論文に論じられているように、水涸れは南アルプスそのものでも発生し、大規模な自然崩壊の恐れさえあるのです。

しかしながらアセスには、水位や水資源について、破砕帯を除けば「影響は小さい」との文言が目立ちます。つまりここには実験線の教訓が生かされていないのです。そしてそうした不誠実なアセスの評価が、静岡県の大井川問題を惹き起こしたと言ってよいでしょう。この問題については林論文に詳しいのでそちらに譲りますが、ＪＲ東海は毎秒二トンの減水を示したものの、その対策においては具体的な措置について何も明らかにしませんでした。またそののちに出された試案も自ら取り下げるという失態を演じました。そしてその結果が今になって、リニアの命運を

リニア実験線のトンネル工事で水が枯れた沢（山梨県笛吹市御坂町）

リニア実験線のトンネル工事の異常出水（山梨県笛吹市御坂町）

左右するような大問題になっているのです。したがってここでも、残土の場合と同様に、アセスの軽視が、困難な事態を招いていると言えるのです。

ところでこれらの二つの事例は主にトンネル区間で起こるものですが、問題はトンネル区間だけに限りません。明かり区間といわれる地上部においても問題は発生するのです。その代表的なものとして、騒音と日照を挙げることができます。全線の中で最も明かり区間が多いのは、山梨県で約二七㎞になります。山梨県駅をふくむこの一帯は、もちろん田畑もありますが、甲府市、中央市、南アルプス市、富士川町の各市町の居住地域を突っ切っています。したがってリニアの軌道直下や近辺に住む人々は、この上ない被害を蒙ることになります。

まず騒音レベルで言えば、アセスにおいて予測値が七五dbを越える地点が山梨県で六カ所、長野県で三カ所、岐阜県で二カ所指摘されています。新幹線鉄道騒音に関わる環境基準値が七〇db以下であることからすれば、それらの地点はそれをはるかに越えるレベルです。しかもこれらの予測値は四両編成の列車のデータを用いて運行供用時の一六両編成の騒音を想定し算出したものなので、供用時にはより高い騒音値になる可能性すらあるのです。しかもそれにくわえて低周波音や微気圧波については、住民らとまったくかみ合わない予測を示していることから見て、沿線居住民は堪え難い騒音の中で暮らすことを強いられることになるでしょう。

日照についてもすでに実験線沿線において、冬期になるとひと時も太陽の光が入らず、その補

リニア実験線で日陰となる家（山梨県笛吹市御坂町）

償として年限を切っての僅かな燃料費で生活を送らざるを得ない人が現におられるのです。こうした被害を受けることになる住民が、騒音や日照等の生活権を楯にＪＲ東海や行政と交渉していますが、場合によっては山梨県南アルプス市の住民のように裁判闘争に持ち込まざるを得なくなった例もあります。この住民や市民の動きについては、天野論文に譲ります。

２　工事技術への甘い見通し

問題はアセスだけではありませんでした。ＪＲ東海は工事技術においても甘い見通しを立て、失敗を重ねています。それはトンネルの掘削工事において表われました。まず岐阜県では崩落が発生し、死者さえ出ています。この崩落は、アセスにおける地質の甘い予測が原因だとされています。

また東京や名古屋などの大深度地下トンネルの掘削に際して、シールドマシンによる工法はかなりの困難を伴うことが分かったのです。シールド工法については大塚論文をご参照いただきたいのですが、二〇二一年一〇月に東京の北品川非常口で地下八三mから発進したシールドマシーンが五〇m掘進しただけで止まってしまいました（ここは二〇二三年三月ようやく工事を再開し試掘を始めました）。その後二〇二二年七月、同様のことが名古屋の坂下非常口でも起こり、こちらは僅か四〇cmでストップしてしまいました。こうした事故はリニア工事に限らず、二〇二二年四月にNEXCO東日本の、東京外環道大泉側本線トンネル工事でも起こり、こちらも現在ストップしたままです。これらは掘削機の土砂の取り込みすぎや掘削土を泥状にするための添加材注入の不具合が原因のようですが、これも予め地質や地下該当部分の地盤の調査を十分に行わなかったことに起因していると言え、その背景には、シールド工法という技術への根拠のない過信があったように思われます。

以上の点から考えれば、シールド工法を使う際には十分な調査を行ってからでなければ、また同じような事故がくり返されるということであり、それをするためには膨大な時間と費用がかかるということになります。

これまでリニア工事に関わっての、残土、水涸れ、騒音、日照、トンネル掘削等についての困難な状況を見てきましたが、そこから見えてくるのはＪＲ東海の、リニア工事に関してのアセスの杜撰さと住民軽視という二つの特徴的事象だと言ってよいでしょう。これはどの工事を行うにしても、致命的な事態を招くはずなのですが、その二つの問題を無視し得た理由を以下で考えてみたいと思います。

3　ＪＲ東海はなぜリニアを

このように見てくると、アセスを簡略にすませ、住民の意志と敵対してまでして、なぜＪＲ東海はリニア中央新幹線を引き受け完成を急いだのか、そのことが問題になってきます。

ＪＲ東海は二〇〇七年時のリニア構想発表以来、二〇二七年の完成を謳っていました。つまりこの大難工事を僅か二〇年で完成させるということです。そのためには、アセスなど悠長にやっていられませんし、住民の言い分などに耳を傾けているわけにはいかないのでしょう。

実は私には長い間、この完成までの二〇年という時間がなぜ設定されたのかが大きな謎でした。そしてこの謎解きこそが、リニア新幹線という鉄道の本質を解明してくれると思っていました。本来なら常識的に言えば、この大難工事が二〇年で完成するとは考えられないはずなのです。しかも二〇年と言っても、実際に工事にとりかかるまでに、審議やアセスなどで八年を要しているのですから、工事期間及び走行実験による安全確認走行に僅か一二年しかとれないのです。そしてそのためにアセスは三年に簡略化され、住民への説明はおろそかにということになったのでした。

さてＪＲ東海がこの二〇年にこだわり続けてきた中で、それを解明する上で大きな示唆を与えてくれたのが、二〇二二年一二月に発行された森功著『国商　最後のフィクサー葛西敬之』（講談社）でした。同書はＪＲ東海の総帥であり続けた葛西敬之の国鉄・ＪＲ東海時代の一代記ですが、その第九章以下に葛西とリニア新幹線の関係が詳細に語られており、今まで知ることのできなかった諸事実が示されているのです。以下同書に拠りながら葛西とリニアの関係を明らかにしつつ、最終的な結論を導き出したいと思います。

もともとリニア構想は、運輸省とＪＲ東日本が主導していたといいます。ところがＪＲ東日本の社長人事をめぐるひと悶着があって、その構想が吹っ飛んでしまいました。その頃、葛西はリニアの技術開発が九〇％の完成度に達していることを知り、ＪＲ東海のドル箱となった東海道新幹線の夢の再来をリニアに託すようになったというのです。そしてそこにもう一人、リニアに夢を託す人が表われました。葛西が後見人のような形で親交を持っていた安倍晋三でした。安倍はアベノミクスの景気浮揚策の一環としてリニアへの投資を思い付き、それを葛西に持ちかけたようです。こうして二〇一六年の三兆円の財政投融資が実行されたのですが、長い間国からの介入を拒んできた葛西がこれを受け入れたのには、もう一つ別の理由があったといいます。

ＪＲ東海にはもともと関西までの一日も早い開通を望む関西の自民党議員からの圧力があったのですが、ＪＲ東海はそれを躱《かわ》しながらやってきたのですから、それはあまり大きな理由ではないようです。むしろ安倍政権の経済政策のバックアップとか安倍のメンツとか、といった理由のほうが推測しやすいようですが、実はそこに葛西の不治の病という意外な理由が新たに加わったのです。葛西はこの財投の一件が持ち上る二〇一六年の春、間質性肺炎の病魔に襲われ、余命五年を宣告されていたのです。自らの余命を宣告された葛西が焦り始めていた、これが森の推論です。

このようにして財投を受け入れたリニア事業は、もともと国策民営と言われていた、その国策の方の色合をますます濃くしていくことになりました。そしてそこではもはや、リニアは東海道新幹線の夢の再来というＪＲ東海だけの問題ではなく、リニアの海外輸出による、アベノミクスのもたらすところの国益という国家レベルの問題にまで発展していくことになります。この国益問題についてはすでに、斎藤貴男「原子力立国と新しい帝国主義」（『Ｇ２』Vol.17、二〇一四）が詳細な分析を行っていますので、それに譲ります。

4　二〇年問題と葛西敬之という個性

さて、では最後の謎としての「完成まで二〇年」を考えてみましょう。ＪＲ東海はなぜ二〇年という区切りで完成までの予定期間を設定したのでしょうか。

まずそこに何らかの科学的知見が働いたのでしょうか。私には、あのきわめて杜撰なアセスからみて、とてもそうは思えません。私には二〇年という完成年数が、綿密かつ科学的な計算と予測に基づいてはじき出されたとはどうしても思えないのです。かりにその二〇年が科学的知見やデータに基づいて出されたものだと言うのなら、それは「科学」という名に値しない「科学」であったと思いますし、またかくも早く二〇年が取り消されるようなことはなかったでしょう。

JR東海がもし仮にその二〇年に何らかの計画性や根拠を用意したとすれば、一つには経営上の見通しという問題だったのではないかと思います。東京〜名古屋間をまず開通させ、体力を回復してから大阪まで延伸するという構想が、当時のJR東海の経営状況から見通すならば、二〇年で完成させれば可能という判断だったのだと推測します。これはあながちそう的外れではないと言えるでしょう。しかし二〇年は単にそれだけの理由ではなかったようにも思います。そしてそこに私は、葛西敬之というリニアを牽引した強い個性の持ち主が深く関わっていたと推測するのです。そこで最後に、その点についての私の理解を述べてみたいと思います。

よく知られている話ですが、二〇二二年の九月二七日の安倍晋三の国葬に際して、菅義偉が「かたりあひて尽し、人は先立ちぬ今より後の世をいかにせむ」という一首を弔辞の中で読み上げました。これは山縣有朋が韓国で倒れた伊藤博文の訃報に接して詠んだ歌です。そしてこの歌を菅が読み上げた弔辞（北村滋が台本を書いたということですが）には、次のような裏話がありま す。すなわち葛西の葬儀の直後の安倍のフェイスブックの投稿に次のような件りがあるというのです。

(1) 常に国家の行く末を案じておられた葛西さん。国士という言葉が最も相応しい方でした。
(2) 葛西さんが最も評価する明治の元勲は山縣有朋。

明治の元勲・山縣有朋

そしてそこにさきの歌が示されているのです。私たちはここから、安倍と葛西という人間の思想的な繋がりと同時に、葛西敬之という人がどのような個性や思想を持った人であったかを具体的に知ることができます。キーワードは二つ、「国士」と「山縣有朋」です。

国士とはここでは一身を捨てて国のために尽す人、憂国の士という意味です。また山縣有朋は明治時代の軍人、政治家として徴兵制をしいて日清戦争を遂行し、伊藤博文没後は絶大な権力を振るって官僚政治を守ろうとした人です。おそらく葛西はそうした山縣の生き方に国士的性格を見たのでしょう。

この山縣と葛西との相似性に注目して、原武史（「葛西敬之は日本の鉄道をどう変えたか」『世界』二〇二三年三月号、岩波書店）は、大阪を「民衆の大都会」と呼んだ小林一三に比して、「葛西にとっての民衆は、世界最速を目標とする鉄道を利用する客体に過ぎなかった。彼が最も重視したのは国家であって、個々の乗客ではなかった」と述べ、岡義武『山縣有朋』（二〇一九、岩波書店）の中から次のような一節を引用しています。

彼の支配の基礎は民衆にはなかったのである。民衆は彼にとっては、支配の単なる客体にすぎず、～（中略）～彼は民衆から遊離したところの存在であった。

このように見てくると、山縣及び葛西両者に共通する民衆観は、民衆とは権力に支配され権力に従いそれを支持するものとしての存在にしかすぎなかったと言えるように思うのです。さらに葛西にとっては、民衆は金儲けの対象でもあったわけですが。そしてそうだとすれば、リニア事業におけるＪＲ東海の住民軽視の態度は、こうした葛西の民衆観の表われであったと見ることができるかもしれません。そしてそれとともにアセスなどの強行な進め方を見ると、リニア事業が国益にかなう国策として安倍のお墨付きをもらった揺ぎない事業なのだという葛西の確信と、だからこそ葛西自らが国士として日本の国益に尽しているのだという自負とが渾然となって、リニア新幹線の計画は、当初の頃の形より一歩進んだ新しい装いを纏い始めたのではないでしょうか。

そしてそうであるならば、リニア新幹線はJR東海の事業というよりも、葛西敬之という個性と思想に基づく個人の事業という色合いがいっそう濃厚になったと言うことができます。一方こうした観点から、すなわちリニア構想は葛西がかくも入れ込んだものなのだという観点から考えると、これまで謎としてきた〈完成まで二〇年〉という期限設定の別の理由に近づくことができるのではないでしょうか。

冷静に考えてみましょう。リニアの工事は、樫田論文に明らかなように、かりに静岡県の問題がなくても大幅に遅れに遅れているのです。従ってそこでは、繰り返しますが、〈完成まで二〇年〉に科学的知見は働いていないのです。とすれば根拠はほかに求めなければなりません。そこで私はその二〇年には、前述の経営上の見通しに基づいたものとする見解を示しました。そしてさらに、もう一つ、二〇年なら葛西の存命中に完成することができるかもしれない、或いは二〇年なら葛西がリニアの営業走行を眼にすることができるかもしれないというきわめて人間的かつ安易な想像が働いたのではないかと思うのです。すなわちそれは、突拍子もない空想のように思われるかもしれませんが、二〇年ならリニアの実現を強く願っていた国士たる葛西の存命中にリニアを完成できるという願望であり、その葛西がそれを見ることができる可能な限度としての二〇年であったのではないかという考え方です。

リニア構想が発表された二〇〇七年当時、葛西は六七歳でした。とすれば葛西の余命は、日本人男性の平均寿命から見てせいぜい二〇年程度と考えられます。これまで私は座談などで冗談めかして、あの二〇年はその科学的根拠の乏しさから見て、葛西の生存中にリニアを完成させるという、JR東海の単なる努力目標ないし希望的観測程度のものだったのではないかと話してきましたが、結局、現実に起こっているリニア工事の大幅な遅延がそれを証明しているわけですし、また、はからずも森の『国商』はその可能性を広げてくれたように思うのです。また一方で、リニアはJR東海における葛西の隠然たるまた顕然たる力の大きさの表われた事業であり、彼の個人的な思い入れの強い事業であったとも言えるでしょう。

これまで述べてきたように、リニアは安倍のお墨付きを得て国策としての確固たる地位を与えられたという驕りと、国士としての葛西の自負とが相俟って、あたかも計画を無理やり強行してもなんら憚ることのない特権を持った事業なのだという錯覚の中で、進められてきた、また進められているように思われます。そうであれば、住民軽視にせよ杜撰なアセスにせよ、それらは当然許されることであったにちがいなく、したがってリニアはその出発時点から、もともと失敗する原因を十分に孕んでいたとも言えるでしょう。

リニアが日本の人口減少（直近の厚労省の予測では、二〇七〇年時に八七〇〇万人）、ＪＲ東海と国の財政の逼迫、テレワークなどの拡大等によって頓挫するか、或いはそんなことは一切無視して無制限に工事が続けられるか、いまは不明です。常識的に言えば「真実の失敗宣言」が出されることはまちがいないはずですが、一方ＪＲ東海と国は最後までこの愚策の立て直しに躍起になるようにも思われます。いずれにしてもその責めは誰も受けずに、そのツケがただ国民に回ってくるということだけは回避したいものです。

松島信幸（まつしま　のぶゆき　Ⅱの１章担当）
1931年、長野県生。信州大学卒。理学博士。高校で学校教員として勤務するかたわら、南アルプスを隈なく歩き、その地質の全容を初めて解明。「南アルプスをリニア新幹線が貫くと」（『日本の科学者』2014年10月号）。

阿部修治（あべ　しゅうじ　Ⅱの２章担当）
1954年、愛知県生。東京大学大学院理学系研究科（博士課程修了、理学博士）。武蔵野大学工学部特任教授、専門 数理工学（特にエネルギー・環境問題）。「エネルギー問題としてのリニア新幹線」（『科学』2013年11月号）。

越智秀二（おち　しゅうじ　Ⅱの３章担当）
1953年、愛媛県生。広島大学大学院理学研究科修了（理学修士）。広島市内の市立中学高等学校教諭（地学）として約40年勤務。その間、花崗岩類の研究を続ける傍ら、防災問題やトンネル工事に伴う地盤沈下問題に取り組む。広島県自主防災アドバイザー（防災士）『日本の地質８四国地方』（共著　共立出版1991年）、『広島から見た現代の防災問題』（災害被災者支援と災害対策改善を求める広島県連絡会2017年）など。

川村晃生（かわむら　てるお　Ⅲ担当）
1946年、山梨県生。リニア計画の公表と同時に市民運動を開始。「ストップ・リニア！訴訟」原告団長。慶應義塾大学名誉教授。博士（文学）。『危ないリニア新幹線』（緑風出版）他、リニア関係の書籍の編集に携わる。『見え始めた終末　文明盲信のゆくえ』（三弥井書店、2017年）

[著者略歴]

桜井　徹（さくらい　とおる　Ⅰの１章担当）
1950年、大阪府生。日本大学大学院商学研究科（博士単位取得退学）。日本大学名誉教授（博士［商学］）『ドイツ統一と公企業の民営化　国鉄改革の日独比較』（同文舘出版、1996年）

井澤　宏明（いざわ　ひろあき　Ⅰの２章担当）
1967年、岐阜県生。同志社大学卒。ジャーナリスト。1993年から読売新聞記者、2012年からフリーに。「混迷のリニア新幹線建設　残土置き場問題で重大警告を放置しつづけるJR東海」「開業遅れの原因と名指しされた静岡県が反論　JR東海の不十分なアセスのツケで、長引いている」（以上、『週刊金曜日』）など。

林　克（はやし　かつし　Ⅰの３章担当）
1955年、静岡県生。立命館大学産業社会学部卒。静岡市役所入職、労働組合活動に従事して自治労連本部中執、静岡県労働組合評議会議長。在任中より「リニア新幹線を考える静岡県民ネットワーク」共同代表。リニアと原発の運動はライフワーク。「静岡県のリニア新幹線問題—リニアが壊す いのちの水、かけがえのない環境」（『日本の科学者』2022年11月号）。

大塚　正幸（おおつか　まさゆき　Ⅰの４章担当）
1940年、東京都生。トンネル技術者。土木学会、応用地質学会。日本トンネル技術協会等に所属。『山岳トンネル』（新大系土木工学、技報堂、1980年、共著）、『山岳トンネルの補助工法』（土木学会、1994年、共著）。

樫田　秀樹（かしだ　ひでき　Ⅰの５章担当）
1959年、北海道生。岩手大学教育学部卒業。1989年、日本での丸太消費に関わる熱帯林伐採の現場に身を置いたことを機に環境問題や社会問題の取材を始める。『リニア新幹線が不可能な７つの理由』（岩波ブックレット、2017年）、『自爆営業』（ポプラ新書）など。

天野　捷一（あまの　しょういち　Ⅰの６章担当）
1945年、東京都生。早稲田大学政経学部新聞学科卒。ラジオ局記者、編成局長などを経験し、2010年退社。脱原発市民運動を経て、2011年からリニア反対の運動に参加。「リニア新幹線を考える東京・神奈川連絡会」、「リニア新幹線沿線住民ネットワーク」共同代表。

リニアはなぜ失敗《しっぱい》したか

2023年7月15日　初版第1刷発行　　定価1,500円＋税
2023年8月25日　初版第2刷発行

編　者　川村晃生©
発行者　高須次郎
発行所　緑風出版
〒113-0033　東京都文京区本郷2-17-5　ツイン壱岐坂
［電話］03-3812-9420　［FAX］03-3812-7262［郵便振替］00100-9-30776
［E-mail］info@ryokufu.com［URL］http://www.ryokufu.com/

装　幀　斎藤あかね
制　作　アイメディア　　印　刷　中央精版印刷
製　本　中央精版印刷　　用　紙　中央精版印刷　　E500

ISBN978-4-8461-2308-6　C0036